Gertraude Sänger   -   **Jenseits von Fish and Chips**

G & V
S

Die Autorin

Gertraude Sänger wurde 1941 in Halle(Saale) geboren und war nach ihrer Ausbildung zur Fotografin für Lehre und Forschung bis zum Ruhestand in einem medizinischen Institut der Martin-Luther-Universität Halle tätig. Kunst, Musik und das Führen von Reisetagebüchern und Erstellen von Bildbänden waren immer schon ihre Passion. Mit diesem Buch tritt sie das erste Mal an die Öffentlichkeit. Sie ist verheiratet und Mutter zwei erwachsener Kinder.

Gertraude Sänger

Jenseits von Fish and Chips

Eine Tagebuchreise durch Südengland

© 2006
Autoren-Rechte bei Gertraude Sänger
Herstellung und Verlag:
Books on Demand GmbH, Norderstedt
ISBN-10: 3-8334-6261-2   ISBN-13: 987-3- 8334-6261-0

Zu diesem Buch

Was ich hier zu erzählen habe, ist für meinen Mann und mich das erste Mal erlebtes Großbritannien. Es ist der ganz persönliche Eindruck, den ich von dieser Reise durch den Süden Englands, über Land und Leute vermitteln möchte. Sicher ist aber, dass es weder ein Reiseführer, noch ein lyrisches Werk sein soll. Da wir keine vorprogrammierte Fahrt eines Reiseveranstalters gebucht haben, sondern mit dem eigenen Auto, mit bescheidenen englischen Sprachkenntnissen, dafür aber mit großer Neugier auf Kunst, Natur und geschichtliche Hinterlassenschaften, uns in dieses Abenteuer gestürzt haben, war natürlich eine sehr intensive Vorbereitung dafür nötig. Gar nicht einfach war dabei die Auswahl an Sehenswürdigkeiten, vor allem die Festlegung auf Schwerpunkte, um uns in dem geplanten Zeitraum vom **08. 06. bis zum 26.06. 2005** ein umfassendes Bild von dem so vielfältigen Teil der Britischen Insel zu machen. Aber erst vor Ort haben wir feststellen müssen, dass wir uns nur einen kleinen Überblick der reichen, von fünf Jahrtausenden geprägten Geschichte und Kultur erschließen können. Bezaubernde Landschaften mit verträumten Dörfern und reetgedeckten Häusern, oft begrenzt durch Hecken und Steinwälle, dann wieder weit und unglaublich grün bis zum Horizont, Bilderbuchstrände, Steilküsten, Hafenstädte mit Seefahrerromantik, das ist noch lange nicht alles , wovon wir heute begeistert sind. Es gibt die fjordartigen Flussmündungen, die selbst weiter landeinwärts liegende Orte mit dem Meer verbinden, die Bischofstädte mit den gewaltigen Kathedralen und für Gartenliebhaber ist Südengland das Paradies schlechthin. Traumhafte Landschafts – und Blumengärten

1

erschließen sich hier dem Besucher der alten Herrenhäuser oder romantischen Burgen und überall glaubt man dieser Schönheit schon einmal in einem Film oder einem Buch begegnet zu sein. Seit Jahrhunderten hat es Schriftsteller und Kunstschaffende aus vielen Ländern hierher gezogen, um faszeniert vom Zauber und dem besonderem Flair dieser Landschaft neue schöpferische Impulse zu erhalten. Das Festhalten an Mythen und ein ausgeprägtes Traditionsbewusstsein, das nicht gebunden ist an einzelne Grafschaften, haben wir bei dem höflichen, aber auch manchmal nicht ganz durchschaubaren Engländer gefunden. Gast zu sein in diesem Land, hat uns sehr gefallen. Auch wenn wir mit unseren sprachlichen Fähigkeiten nicht in tiefere Sphären der Unterhaltung eintauchen konnten, so haben wir uns aber durchaus freundlich aufgenommen gefühlt.

Den Dank an Benno Schulz, für die Weitergabe guter Tipps von seiner eigenen Reise durch Südengland, für Literatur- und Prospekt-Material, das er uns überlassen hat, muss ich leider *postum* aussprechen.

Bis zu seinem tragischen Tod haben wir mit dem bekannten halleschen Maler und ehemaligen Universitätszeichenlehrer einen Englischkurs an der Volkshochschule belegt.

Halle, August 2006   Gertraude Sänger

Layout und Design: Volkmar Sänger
Fotos :   Gertraude Sänger
Titelblatt: Kathedrale in Salisbury
Rücktitel: Kathedrale in Winchester

1.Tag

Die Route ist berechnet, zumindest bis nach Cuxhaven, von wo aus wir mit der Fähre über den Ärmelkanal auf die Britischen Inseln übersetzen wollen. Wie schnelllebig ist doch die Zeit geworden. Hat man heute ein Navigationssystem im Auto, fügt man sich bedenkenlos den Aufforderungen der Mikrofonstimme, während früher noch ein ganzes Paket an Landkarten und Stadtdurchfahrten für eine Reise ins Unbekannte zusammengestellt werden musste. 7:45 Uhr fahren wir von Halle los und kaum sind wir um die Hausecke, beschleicht mich schon das bekannte mulmige Gefühl, etwas ganz Wichtiges nicht bedacht zu haben. Eigentlich könnte ich mich entspannt zurücklehnen, war doch der Zettel mit den noch zu erledigenden Aufgaben perfekt abgearbeitet! Auch die Pflegepläne für Haus und Hof sind mit der Nachbarin besprochen. Das Auto ist vollgepackt mit nötigen und ganz gewiss wieder mit vielmehr unnötigen Dingen. Aber sicher ist sicher! So, jetzt könnte langsam innere Ruhe einziehen und den Kopf freimachen für die spannenden Dinge, die uns erwarten, wenn alles so verläuft, wie wir die Reise geplant haben. Leider ist aber das Wetter dieses Jahr nicht sehr verlässlich, der April scheint auch im Sommer noch das Sagen zu haben. Gestern hatten wir sogar kräftige Hagelschauer und die Temperaturen der letzten Nächte lagen gerade so um den Gefrierpunkt herum. Da kann es in jeder Hinsicht nur besser werden! Wir fahren jetzt bereits auf der Autobahn und verstohlen kommt hier und da auch schon einmal die Sonne heraus. Zu beiden Seiten der Autobahntrasse wachsen wilder Mohn und Margariten, was bei uns sofort Erinnerungen an die vorjährige Urlaubsreise in die Toskana weckt. Das Thermometer im Auto zeigt nun schon

11°C Außentemperatur an. Ohne Stau oder zähfließenden Verkehr kommen wir zügig vorwärts, so dass wir gegen 12.00 Uhr bereits am Fährkai **Cuxhaven - Harwich** ankommen. Wir informieren uns gleich über „*Car - check - in*", also den Ablauf der Einschiffung, und sind zeitlich so günstig dran, dass wir noch bis 14.30 Uhr einen kleinen Bummel in die uns unbekannte Altstadt **Cuxhavens** unternehmen können. Als Seebad wurde der Ort 1816 gegründet. Viele der ehemaligen Fischerhäuser und Pensionsvillen sind heute restauriert bzw. modernisiert und zu unzähligen Läden oder Gaststätten umgebaut worden. Das ganze Hafenviertel scheint eine einzige, lebendige Einkaufszone zu sein, umgeben von gepflegten Grünanlagen und größeren Gründerzeithäusern. Beeindruckend ist aber vor allen die auffällige Sauberkeit, die man meist in einer Hafenstadt vermisst. Wir wandern so zurück zum Hafengelände, dass uns noch Zeit für ein Fischbrötchen bleibt. In einem alten Lagerhaus sind Fischgaststätten eingerichtet und es gibt Verkaufsläden für Frischfisch und alle Arten von Konserven. Sicher werden wir auf der Rückfahrt hier noch einmal Station machen, denn so ein verlockendes Fischangebot wird uns Landratten nicht alle Tage geboten. Pünktlich bewegen wir uns mit dem Auto zur Anlegestelle der Fähre „Duchess of Scandinavia". Wir können zwar gleich einchecken, müssen dann aber gut zwei Stunden mit dem Auffahren auf die Fährdecks warten. Diese Zeit ist trotzdem kurzweilig, da es sehr interessant zu beobachten ist, mit welchem Geschick riesige Container durch Auflegerfahrzeuge in den Bauch des Schiffes bugsiert werden. Erst wenn das Frachtgut verstaut ist, kommen die Motorräder an die Reihe, dann die Behindertenfahrzeuge, jetzt wir mit den Autos und ganz zuletzt die Busse und die Passagiere. Alles steht dicht bei dicht, die Autotüren lassen sich kaum öffnen. Ein bisschen Sorge macht mir neben uns

4

die Gruppe Motorradfahrer, deren „heiße Öfen" ziemlich breite Lenker haben und fast Tuchfühlung zu meiner Beifahrertür. Unsere Kabine befindet sich auf Deck 5. Wir haben eine preislich recht günstige Innenkabine gebucht. Platz ist ausreichend vorhanden, nur leider rauschen die Lüfter sehr laut. Na ja, die eine Nacht werden wir wohl überstehen. Das Auslaufen der Fähre verbringen wir auf dem Außendeck bei schönstem Sonnenschein und einer kräftigen Briese Wind. Nach Verlassen der Elbmündung, erleben Volkmar und ich zum ersten Mal die Nordsee. Ein bisschen Rührung kommt da schon auf, muss ich doch gleich wieder an meinen Kindheits- und Jugendtraum denken: einmal im Leben die Alpen und die Nordsee mit Ebbe und Flut gesehen haben! Volkmars Wunschvorstellungen waren damals wohl ähnlich. Inzwischen haben wir seit der Wende und der Wiedervereinigung so viele wunderbare Reisen unternommen, die uns sogar bis auf den afrikanischen Kontinent und die Insel Mauritius geführt haben, doch die Nordsee war bisher nicht dabei. Schon lässt sich hier wieder Goethe zitieren, der wohl für jede Lebenslage die passenden Weisheiten parat hat: „Wer sein Vaterland nicht kennt, hat keinen Maßstab für fremde Länder". Langsam fühlen wir uns etwas abgespannt, selbst ein Aufmunterungskaffee an der Bar hat nichts gebracht. Also probieren wir doch einfach gleich einmal die Betten für ein knappes Stündchen aus, bevor wir uns zu einem der Restaurants zum Abendessen bewegen. Die friedliche See von vorhin, scheint es sich anders überlegt zu haben und schunkelt jetzt unser Schiff ganz deftig hin und her. Hoffentlich nimmt der Wellengang über die Nacht nicht noch weiter zu. Die Schaukelei ist, wie wir feststellen müssen, auch dem Appetit nicht so recht zuträglich. Wir essen zwar etwas, aber es ging uns schon einmal bedeutend besser! Auf Deck genießen wir anschließend die frische Luft bei stimmungsvollem

Sonnenuntergang, den wir gleich noch auf Foto und Video festhalten. Doch schon kurz vor 22.00 Uhr verschwinden wir in unsere Kabine, denn schließlich war der Tag lang und der morgige wird nicht weniger strapaziös werden. Sicherheitshalber legen wir uns eine der „ Tüten " auf den Nachttisch, die überall auf den Fluren und Kabinen im Angebot sind!

2. Tag

Erstaunlich, wir haben trotz der lauten Lüftungsanlage gut geschlafen, auch das Meer beruhigte sich über die Nacht wieder. Unsere Fähre hat bereits die Zeitgrenze überfahren. Wir haben jetzt *Greenwich Time*. Vor dem Zubettgehen stellten wir schon die Uhren eine Stunde zurück und glaubten besonders pfiffig zu sein. Was wir allerdings nicht wussten, war, dass an Bord bis zur Ankunft in Harwich deutsche Zeit gilt. Nur gut, dass ich bereits vor dem Weckerklingeln wachgeworden bin, sonst hätte uns die Stunde wohl gefehlt. Zum Frühstück kam dann die nächste Überraschung.

6

Das Reisebüro in Halle hatte uns nicht mit Frühstücksbons ausgestattet. Im Selbstbedienungsrestaurant konnten wir uns aber dann auf eigene Rechnung verpflegen. Vielleicht sollte ich an dieser Stelle überhaupt erst einmal darüber informieren, wie wir die Reise geplant und gebucht haben. Aus dem Katalog von Wolters- Reisen suchten wir uns ein kleines *Cottage* aus, das mit 2-4 Personen belegt werden kann und sich in einem Ort an der Nordküste Südwestenglands befindet. In einem Reisebüro buchten wir dann die Unterkunft, einschließlich der Hin- und Rückfahrt mit der Fähre. Üblicherweise überquert man den Ärmelkanal an der schmalsten Stelle, von **Calais** nach **Dover**. Hier ist England fast zum Greifen nahe, nämlich nur 33 km entfernt. Was sicher nicht alle wissen, es gab sogar noch nach der letzten Eiszeit eine Landbrücke, die die Britischen Inseln mit dem europäischen Festland verband. Das würde das Reisen heute viel einfacher machen, aber gerade das Inseldasein ist es wohl, was das für England Typische für alle Zeit geprägt hat. Wir haben uns nicht für die kurze Überfahrt, sondern für die Passage **Cuxhaven – Harwich** entschieden, so sparen wir uns die lange Autofahrt über die Niederlande, Belgien bis nach Frankreich, die wir nur mit einer Zwischenübernachtung geschafft hätten. Leider verkehrt die Fähre aber nicht täglich, was eine zeitliche Differenz von zwei Tagen ausmacht, die wir zu früh auf der Insel ankommen werden. Für zwei Nächte haben wir deshalb ein Hotelzimmer in **Winchester** gebucht, wo wir ohnehin einen Zwischenstopp mit Besichtigung geplant haben. Sieben Tage wohnen wir dann anschließend im besagten *Cottage* in **St. Agnes** und dann hat uns Volkmar über das Internet für weitere fünf Nächte in einem *Bed & Breakfest* Hotel in **Totnes** eingemietet. Dieser Ort liegt nur wenige Kilometer von der Kanalküste entfernt, also südöstlich von **St. Agnes**. Soweit reicht erst einmal unsere bisherige

Urlaubsvorplanung. Für die restlichen zwei Tage und Nächte, die noch bis zur Rückfahrt mit der Fähre überbrückt werden müssen, suchen wir uns eine weitere B & B Unterkunft, dann aber je nachdem, wo uns die Lust zur Besichtigung Halt machen lässt. Bis dahin haben wir noch eine ganze Weile Zeit, um uns mit den englischen Gegebenheiten vertraut zu machen, was Verkehr, Wohnen und Essen anbetrifft. Inzwischen ist die Überfahrt nun fast geschafft. Unsere wenigen Sachen sind bereits in der Reisetasche verstaut, so können wir noch die Sonne an Deck genießen und das bei ganz ruhiger See. Das Schiff fährt jetzt ein Stück parallel zur englischen Küste und biegt oberhalb Londons in die Bucht ein, an der Harwich liegt. Es erfolgt die Aufforderung von der Kommandobrücke an die Passagiere: „Alle Kraftfahrzeughalter auf die Fahrdecks, bitte!" Jetzt sitzen wir bereits wartend im Auto und hoffen, dass mit der Ausschiffung bald begonnen wird. Die Ladeluke ist schon geöffnet, aber wir stehen mit unserem Auto im zweiten Ladedeck und müssen warten, bis sich das Unterdeck geleert hat. Spannend ist schon so ein Ausschiffungsprozess; wir kommen uns etwas vor, wie bei ARD und ZDF in der ersten Reihe. Alles läuft total ruhig und geordnet ab. Als wir von Bord rollen, ist es gerade Punkt 12:00 Uhr deutscher Zeit, 1 Stunde aber früher nach *Greenwich Time*, die unseren Tagesablauf nun bestimmen wird.

Ab jetzt heißt es sich ganz auf den Routenplaner zu verlassen, der auf neuestem englischen Stand ist. Es ist schon ein Glück, dass wir uns nicht mit Landkarten abplagen müssen, allein der Linksverkehr verlangt ja jetzt erst einmal unsere ganze Aufmerksamkeit. Dazu kommt noch, wir haben natürlich in unserem deutschen Auto das Lenkrad auf der linken Seite und auch der Blickwinkel des rechten Seitenspiegels ist nicht auf Linksfahren zugeschnitten. Umso mehr überrascht mich, wie schnell sich Volkmar auf die

8

ungewohnten Bedingungen eingestellt hat. Kurze Erfahrungen hat er allerdings schon in Urlauben auf Zypern und Mauritius gesammelt, beides Länder, wo heute auch noch links gefahren wird. Vom Hafengelände kommend, umfahren wir die Hauptstadt London auf dem nördlichen Autobahnring. Den Fahrstress durch diese Stadt wollen wir uns nicht gleich antun. London werden wir später einmal auf einer gesonderten Reise erkunden, dann aber mit dem Flugzeug. An den Abfahrten Windsor und Ascot geht es vorbei, dann verlassen wir den Ring in westlicher Richtung, um zu der alten englischen Hauptstadt **Winchester** zu fahren. Hier haben wir für zwei Nächte per Internet in einem Hotel der Wessex - Hotel- Kette ein Zimmer reservieren lassen. Praktisch ist, dass für das Auto ein Stellplatz gleich dazu gehört. Wir nehmen wieder nur unsere Reisetasche mit dem Allernötigsten aus dem Auto und melden uns in der Rezeption an. Jetzt kommt die Stunde der Wahrheit!!

In England spricht man bekanntlich fast nur Englisch, denn die Menschen in diesem Land sind sich bewusst, eine Weltsprache zu haben und sind in den seltensten Fällen gewillt, sich in anderen Sprachen zu verständigen. *„Hallo, my name's Volkmar Sänger from Germany. This is my wife. We had order a double room with a shower for two night's ...."* Es folgen noch so ein paar Floskeln einfachster Ausführung und siehe da, wir werden bestens verstanden. Erleichtert stelle ich fest, der Englischunterricht in der Volkshochschule hat bereits kleine Früchte getragen und ab morgen gehört dem Mutigen die Welt! Das Zimmer passt zu meiner Vorstellung von typisch englischem Wohnen: Möbel und Ausstattung leicht plüschig, mehr im Stile unserer früheren Jungmädchenzimmer, aber die obligatorische Teebereitungsecke mit Wasserkocher darf natürlich nicht fehlen. Meine Freundin Charlotte wäre von der stilvollen Einrichtung sicher fasziniert, hielt den Preis pro Nacht dafür aber wohl doch *„to expansive"* ! Einen kleinen Stadtgang werden wir gleich jetzt noch anschließen, um uns im *Tourist Information Center* Anregungen für den morgigen Besichtigungstag zu holen. Vorher brauchen wir aber unbedingt erst einmal einen Kaffee bzw. Tee, den wir uns mit sehr süßem englischen Früchtekuchen in der Hotelbar servieren lassen. Beim Blick aus dem Fenster sehen wir direkt auf die berühmte Kathedrale, auf die wir schon sehr gespannt sind.

Inzwischen sind wir mit reichlich Informationsmaterial zurück. Es ist sogar ein Prospekt in Deutsch dabei. **Winchester** ist heute der Verwaltungssitz der Grafschaft Hampshire mit 30 000 Einwohnern, die stolz auf ihre große historische Vergangenheit sind und sie touristisch intensiv nutzen. Unser erster Eindruck ist, dass es eine interessante Stadt ist, mit vielen restaurierten Sehenswürdigkeiten, aber auch mit den Bausünden der 60'er- und 70'er Jahre, wie man sie überall findet. Der Plan für morgen steht nun bereits fest, wir werden uns in Eigenregie die „Guided walking tours of Winchester" vornehmen. Nach einer kurzen Ruhepause meldet sich jetzt ziemlich deutlich bei uns der kleine Hunger. Wir wandern von Gaststätte zu Gaststätte, finden aber nichts nach unseren Vorstellungen, bis wir jetzt zufrieden im *„The Old Vine"* gelandet sind. Die Gaststätte befindet sich in einem Gebäude aus dem 18. Jahrhundert mit mittelalterlichem Gewölbekeller. Wir speisen vorzüglich, trinken Wein und Ale und zur ersichtlichen Freude der Bedienung, sprechen wir dabei fast perfekt englisch. Nach einem *„dream dessert "* zum Abschied sind wir nicht nur übersatt, sondern auch überzeugt, das beste Lokal von ganz Winchester gefunden zu haben.

3. Tag

Der mit Köstlichkeiten gefüllte Magen hat mir leider eine schlaflose Nacht bereitet, so dass mich die Müdigkeit erst überfällt, als der Lärm auf der anderen Straßenseite bereits einsetzt. Schon vor 6.00 Uhr werden hier Containerfahrzeuge lautstark beladen. Wir halten es nicht mehr lange in den Betten aus und genießen lieber ausgiebig ein richtig gutes Frühstück, noch nach deutschem Geschmack. Der Blick auf die Nachbartische zeigt uns allerdings, dass wir mit unserer gewohnt fettarmen Frühstücksvariante weitaus auf einsamer Spur liegen. Überrascht sehen wir, was so auf den Tellern an gebratener Wurst, Eiern, Fisch und Pommes frites, hier heißen sie ja *Chips,* getürmt serviert wird. Ausgerüstet mit Stadtplan und den Hinweisen auf die Sehenswürdigkeiten, beginnen wir in der *High Street* unseren Rundgang durch die Stadt, deren Ursprünge schon in der Römerzeit liegen. Sie soll die älteste Straße Englands überhaupt sein und ist bereits vor 2500 Jahren von den Römern als wichtige Durchgangsstraße angelegt worden. Gleich hinter dem Hotel steht die zweitlängste Kirche Europas, das *Winchester Cathedral,* das mit einer Länge von 178 Meter nur noch vom Petersdom in Rom übertrumpft wird. Eine Vorgängerkirche wurde vor 900 Jahren von *King Alfred* oder Alfred dem Großen in Auftrag gegeben. Auch diese war bereits auf den Grundmauern einer noch früheren kleineren Kirche errichtet worden. Die heutige Kathedrale, ein Zusammenspiel von Romanik bis Spätgotik (*Perpendicular style)* wurde von dem Normannen Wilhelm dem Eroberer im Jahre 1079 errichtet, innen allerdings in späteren Zeitepochen häufig um- und angebaut. Sie diente den angelsächsischen Königen zur Krönung und Grablege. Sehr beeindruckt hat uns gleich beim Eintritt in das riesige Kirchenschiff das einmalige Kreuzfächergewölbe mit interessanten Schlusssteinen. Sehenswert ist auch die 1475 in Stein errichtete Altarrückwand mit vielen Heiligenfiguren. In der Reformation wurde sie, einer Bilderstürmerei gleichkommend, schwer beschädigt und erst 1899 restauriert. Auch das 1310 geschnitzte Chorgestühl mit Baldachinen, ein normannisches Taufbecken aus belgischem Tournai - Marmor (um 1190) und der hinter dem Altar stehende frühgotische Schrein des Heiligen Swithun, der von 852 - 862 Bischof und Schutzpatron von **Winchester** war, haben unsere besondere Aufmerksamkeit erregt. Im oberen Geschoss des Querschiffs befindet sich die alte Bibliothek mit der berühmten Winchesterbibel aus dem Jahr 1160, die 1949 wunderbar restauriert wurde. Schade nur, dass ich diese herrliche Farbigkeit fotografisch nicht festhalten darf. Wir kaufen uns aber von der Bibliothek und der Bibel Fotopostkarten. Kurz vor Schließung der Kathedrale nehmen wir noch an einer englischsprachigen Führung teil, die uns die Krypta zeigt und über die Historie dazu informiert. Der noch aus der normannischen Zeit stammende Bau ist sehr schlicht, aber von großer harmonischer Ausstrahlung. Ein zu hoher Grundwasserspiegel überflutet den Gewölbekeller einen Großteil des Jahres, sodass er fast nur im Sommer zu begehen ist. Es gibt hier unten Statuen aus den 14. Jahrhundert zu sehen, wie auch Bruchstücke von Steinfriesen, die nach der Zerstörung der Kirche durch deutsche Bomben im Zweiten Weltkrieg, nicht wieder an der Fassade angebracht wurden. Sehr wirkungsvoll in den Raum gestellt ist eine lebensgroße Bleifigur, eine Bildhauerhauerarbeit aus dem Jahre 1992 . Im linken Seitenschiff der Kirche entdeckten wir beim Herausgehen das Grabmal der Romanschriftstellerin, Jane Austen. Sie verstarb 1817 mit erst 41 Jahren. In ihrem kurzen Leben hat es die ehemalige Pfarrerstochter geschafft, mit Bestsellerromanen der Aufklärung große Berühmtheit zu erlangen. Die Beisetzungsstätte wird heute noch von Verehrern mit frischen Blumen geschmückt. Nach der ausführlichen Besichtigung der wunderbaren Kathedrale beginnen wir jetzt mit dem eigentlichen Stadtrundgang, so wie er auch vom *Tourist Information Center* empfohlen wird, an der *Guildhall*, dem aus der viktorianischen Zeit stammenden Rathaus. Heute befindet sich in diesem Gebäude außer der Stadtinformation eine Kunstgalerie und das Konferenzzentrum. In unmittelbarer Nähe steht, als Insel auf der *High Street*, die Bronzestatue Alfred des Großen, der 886 von ganz England als König anerkannt wurde und damit den Aufstieg **Winchesters** zur Hauptstadt begründete. Bevor wir jetzt am *River* Itchen entlang bummeln, der früher Teil der Stadtbefestigung war, sogar zum Antrieb von 12 Mühlen einmal Wasserkraft geliefert hat, sehen wir uns noch *Abbey House* an. Das ist die offizielle Residenz des Bürgermeisters. Gleich daneben sieht man die ausgegrabenen Reste der *St. Mary' s Abbey*, die von der Gemahlin *King Alfred* im 10. Jh. gegründet wurde. Wir legen eine kleine Pause im *Abbey Garden* ein, um im Schatten herrlicher alter Bäume die Blumen in den „verschwenderischen Farben des Sommers ", zu genießen, wie es der Reiseführer empfiehlt und nicht übertrieben hat. Volkmar ist besonders begeistert hier vom echt englischen Rasen, der überall wie ein Teppich aussieht und sich auch so anfühlt. Besonders reizvoll ist für uns der Spaziergang am Ufer des *River* Itchen. Kleine versteckte Häuser im Grünen liegen auf der einen Seite, am anderen Ufer verläuft parallel ein Stück der guterhaltenen römischen Stadtmauer aus dem 3. Jahrhundert. Wir erreichen jetzt das *Winchester College*, einen Schulbau aus dem Jahre

1394. Einst als Bildungsstätte kluger Kinder armer Eltern gedacht, hat es sich längst zur ältesten Privatschule für Besserverdienende entwickelt. Seit 600 Jahren findet hier Unterricht in fast unveränderter Räumlichkeit statt. Die Schüler tragen auch noch die alte uniformierte Schulkleidung, nämlich Talare oder schwarze Anzüge mit roten Krawatten. Nach der Devise „*manners makyth man*" - Manieren machen den Mann, erfolgt die konservative Erziehung. Gut 1000 Pfund Schulgeld im Jahr machen deutlich, wer sich die als Karriereschmiede bezeichnete älteste Schule Englands heute leisten kann. 70 Internatsschüler und 500 Externe besuchen diese Einrichtung zur Zeit. Gleich neben dem Haupttor des *College* steht das Haus, in dem der jeweiligen Rektor wohnt. Dann folgt ein Privathaus. Früher hat darin Jane Austen gewohnt und ist auch hier bis zu ihrem Tode gepflegt worden. Am Ende der *College Street* gehen wir rechts durch das *Kingsgate*. In der ersten Etage befindet sich eine winzige Kapelle, die dem Heiligen Swithun gewidmet ist. Jetzt sind wir im Bereich der ehemaligen Klostergemeinde, die sich noch einmal durch Mauern zur eigentlichen Stadt abschirmte und nur durch das *Prior's Gate* betreten werden konnte. Erhalten von den alten Klostergebäuden ist noch das *Cheyney Court*. Im Mittelalter kamen hier die Bischöfe zur Anhörung rechtlicher Klagen auf ihrem Territorium zusammen. Die ehemaligen Stallungen, die *Pilgrims' School* und die Pilgerunterkünfte beherbergen heute die Domschule mit dem Knabenchor und einige Konzertsäle. Wenn wir jetzt an dem Dekanat aus dem 13. Jahrhundert vorbeigehen, weiter durch den *Dean Garnier's Garden*, so kommen wir wieder zurück zum Hauptportal der Kathedrale. Als letzte Station unseres heutigen Rundgangs steht noch die *Great Hall* aus. Sie ist der einzige erhaltene

Winchester

Teil des ehemaligen *Winchester Castle,* das Heinrich III. im 13. Jahrhundert errichten ließ. Zwei interessante Dinge gibt es dort zu sehen. An der einen Stirnwand der dreischiffigen großen Halle hängt die riesige runde Tischplatte, an der *King Arthur* seine 24 Ritter versammelt haben soll. Das ist aber wohl eher bei Mythen und Legenden anzusiedeln, denn die Tafel ließ nach neueren Forschungen erst Heinrich VIII. im 14. Jahrhundert nachbauen, um als Tisch für ein Festmahl zu dienen, was er zu Ehren Kaiser Karl V. gab. Dieser Geschichts- oder Geschichtenstoff scheint oft die Phantasie beflügelt zu haben, denn bereits Wolfram von Eschenbach bearbeitete dieses Thema über den Keltenkönig Arthur. Für Hobbyfamilienforscher, wie mein Mann einer ist, gibt es noch etwas Faszinierendes an der anderen Stirnwand der Halle zu sehen und zwar flächendeckend ist hier der Stammbaum der englischen Königin Elisabeth aufgezeichnet. Alle seine Mühen, meine Familiegeschichte zurück zu verfolgen, enden um die Zeit der Reformation, denn von da an beginnen erst die Aufzeichnungen in den Kirchenbüchern. Für heute haben wir genug Kultur getankt. Noch einem schnellen Blick in den mittelalterlich gestalteten *Queen Eleanor's Garden* geworfen, der sich seitlich an die *Great Hall* anschließt, dann wandern wir zurück über die Altstadt zum Hotel. Dabei passieren wir das *Westgate,* einen Torbau aus dem Mittelalter. Er diente 150 Jahre als Gefängnis. Jetzt ist er eine museale Einrichtung, wo Maße und Gewichte ausgestellt sind. Eine Kaffeepause gönnen wir uns noch im Besucherzentrum der Kathedrale. Es ist ein sehr moderner Neubau mit Café, Souvenirladen und Toiletten. Der Kaffee ist gut und preiswert und wir sitzen angenehm windgeschützt im Freien. Langsam erlahmen uns die Füße und wir sind froh, im Hotel dann endlich die Beine etwas hochlegen zu können. Bis 17.30 Uhr wollen wir spätestens wieder fit sein, um diese Zeit singen täglich die Domknaben zur Abendmesse. Der Gottesdienst findet in dem Teil der Kathedrale statt, wo sich das Chorgestühl befindet. Mit ausgesprochen englisch - traditionellem Zeremoniell wird durch die Messe geführt. Die Chorknaben übertreffen mit ihrem perfekten Gesang alle unsere Erwartungen. Bis zum kleinsten Sänger tragen sie lange rote Mäntel mit weißen Überwürfen. Die Farbe der Kleidung spielt in der Unterscheidung der einzelnen Diözesen eine wichtige Rolle.

Nach der Messe ist dann auch Zeit zum Abendessen. Heute wissen wir gleich, wo wir hingehen, natürlich ins „The Old Vine". Als wir den Gastraum betreten, werden wir schon wie alte Bekannte begrüßt. Unsere englischen Konversationsfähigkeiten von gestern sind wohl der Bedienung nachhaltig in Erinnerung geblieben!

4.Tag

Um 7.00 Uhr rufen die Glocken von *Winchester Cathedral* zur Morgenandacht. Gleich darauf erklingt ein schier unaufhörliches Glockenspiel auf einem Carillon. Vermutlich kommen diese Klänge aus dem Turm des Rathauses. Für uns ist es nun auch Zeit aufzustehen, unsere Siebensachen zu packen und zu frühstücken. Bereits 9.00 Uhr verlassen wir das Hotel. 350 km Autofahrt liegen noch vor uns, bis wir unser Cottage in **St. Agnes,** in der Grafschaft Cornwall erreichen. Den ersten Zwischenhalt legen wir im nur 40 Kilometer entfernten **Salisbury** ein. Es ist die Hauptstadt Wilthshires, der zwar größten, aber dünnbesiedeltsten Grafschaft in Südengland. Die Stadtsilhouette wird von weitem schon geprägt von der 750 Jahre alten Kathedrale. In nur 38 Jahren wurde dieses monumentale Bauwerk in einem einzigen Baustil erschaffen. Sie wird als das Musterbeispiel des sogenannten *Early English Style of Gotik* bezeichnet. Besonders markant ist der 123 Meter hohe Kirchturm, der als höchster ganz Englands gilt, dabei auch die St. Paul's Kathedrale in London um 12 Meter überragt. Bevor wir aber nach **Salisbury** hineinfahren, tätigen wir noch unseren Wochenendeinkauf, weil wir für die Zeit in **St. Agnes** Selbstversorger sind. Der Einkaufsmarkt auf der grünen Wiese gehört zu einer amerikanischen Unternehmenskette, namens TESCO. Fast konkurrenzlos scheint es sie hier in jedem Ort zu geben. Beim Zurücksetzen des Autos aus der Parklücke passiert uns dann leider ein Malheur. Eine Engländerin fährt hinter uns mit ihrem Auto vorbei, als Volkmar bereits über die Hälfte aus der Parklücke herausgestoßen ist. Es ist ein Unfall, der von beiden Seiten vermieden werden konnte. Die ältere Fahrerin holt die Polizei, weil wir uns sprachlich nicht in Details verständigen können. Der sehr nette Polizist „übersetzt" der Dame unser Englisch und macht ihr auch gleich klar, dass es sich hier um keine öffentliche Straße handelt, somit die Straßenverkehrsordnung außer Kraft ist, und er für diesen Fall nicht zuständig sei. Es werden noch die Personalien ausgetauscht und wir rufen auch gleich unsere deutsche Versicherungszentrale an, der wir Fotos avisieren, die ich vor Ort, gemacht habe. Die Schäden sind gering, wir haben nur Abrieb von der Stoßstange, der „gegnerische" kleine Ford allerdings eine seitlich eingedrückte Spur am Kotflügel. Wir sind wie erlöst, als wir endlich weiterfahren können und dass alles im freundlichen Miteinander abging. Inzwischen ist es 12.00 Uhr geworden, als wir in der Innenstadt ankommen. Eine Stunde nehmen wir uns für die Besichtigung der Kathedrale Zeit, die innen wohltuend schlicht ist, trotzdem aber viele schöne Details hat. Es gibt ein Chorgestühl aus dem 13. Jahrhundert, dem dann im 16. Jahrhundert noch reichgeschnitzte Baldachine hinzugefügt wurden. Eine 1956 restaurierte mittelalterliche Uhr, die von 1336 - 1792 im freistehenden Glockenturm hing, ist jetzt im Seitenschiff zu betrachten. Sie ist wohl die älteste, noch funktionstüchtige Uhr der Welt. Da sie nur immer zur vollen Stunde schlägt, hat sie kein Zifferblatt. Obwohl es in **Salisbury** niemals Mönche gegeben hat, denn ein Kloster war der Kathedrale nicht angeschlossen, sind die Kreuzgänge aus dem 13. Jahrhundert die größten im ganzen Königreich. Sie umschließen eine gepflegte Grünanlage, mit Zedern bepflanzt, die aus dem Libanon stammen. Nach dem Vorbild von *Westminster Abbey* in London ist im 13. Jahrhundert an der Südwestseite der Kathedrale das Kapitelhaus als Konferenzraum für den Klerus angebaut worden ist. Ich zücke bereits meinen Fotoapparat, als ich leider lesen muss: Fotografieren verboten! Schade! Das Gebäude mit seinem achteckigen Grundriss erinnert mich an die Baptisterien in Italien. Im Inneren umlaufend, befindet sich ein Bilderfries mit Szenen aus dem alten Testament, doch von größerem Interesse für die Besucher ist die eine, der vier noch erhaltenen Urausgaben der *Magna Charta*. Dem verhassten König Johann trotzten 1215 die Barone des Landes 61 Artikel ab, die zu Gunsten von Adel, Kirche und Bürgertum seine Macht beschnitten.

Salisbury

Dieses Dokument war später die Grundlage für die konstitutionelle und demokratische Entwicklung Englands und somit auch der Vorläufer der Verfassung. Um zurück zum Parkplatz zu kommen, umrunden wir fast noch einmal die ganze Kathedrale. In der Mittagssonne verbringen viele Menschen hier ihre Zeit auf der sogenannten Domfreiheit, einst großer Friedhof, jetzt Rasenfläche für jedermann. Leider stehen wir etwas unter Zeitdruck, sodass wir uns von der Innenstadt nur das ansehen können, was auf dem Wege zum Auto liegt. Die reiche Tuchmacher- und Handelsstadt von einst erkennt man sofort an den prachtvollen schwarz - weißen Fachwerkhäusern im Tudorstil, mit ihren auskragenden Obergeschossen, und den etwas größeren herrschaftlichen Bürgerhäusern.

13:00 Uhr verlassen wir **Salisbury**, die Vierflüssestadt, fahren dann weiter ins bloß 12 Kilometer entfernt liegende **Stonehenge.** Die prähistorische Kultstätte ist ein Muss für alle Südenglandreisende und so finden wir es auch mit Touristen übervölkert vor. Schon von der Ferne sehen wir den Doppelsteinkreis auf dem kahlen Gelände stehen. Vor 5000 Jahren entstanden, hat das Sonnenheiligtum bis heute sein Geheimnis nicht preisgegeben. 1986 wurde dieses Monument von der UNESCO zum Weltkulturerbe erhoben. Die Megalithen aber sind großräumig abgesperrt und streng bewacht. Wir schauen uns die rätselhafte Anlage außerhalb des Maschenzauns an, denn auch innen kann man sich nur in vorgegebenem Abstand zu den Steinen bewegen, bezahlt allerdings trotzdem einen hohen Eintrittspreis dafür. Nun heißt es aber wenigstens: *Take a foto!* Geschickt halten wir die Linse vom Fotoapparat und auch vom Camcorder durch den Zaun und das Zoom ermöglicht uns dann trotzdem ganz nah am Geschehen zu sein. Wir verlassen jetzt die heilige Stätte und fahren ein paar Kilometer weiter, bis wir auf die

Schnellstraße 303 nach Osten einbiegen können. Vorher jedoch suchen wir uns ein ruhiges Eckchen im Grünen, wo wir genüsslich unser mitgebrachtes Mittagspicknick einnehmen.

So gestärkt, begeben wir uns nun in die Hand des Navigationssystems, was uns auch auf dem kürzesten Wege zum gebuchten *Cottage* in **Barkla- Shop**, einem, ländlichen Vorort von **St Agnes** geleitet. Hier sind wir bereits 17.15 Uhr an unserem Ziel, was wir allein suchend, über das verwinkelten Netz kleiner Strassen, nicht so einfach gefunden hätten.

Das Haus nennt sich „*The Grange*", was soviel wie Pachtgut heißt, aber zu unserem Entsetzen wohl nur der ausgebaute ehemalige Stall des Anwesens ist. Der Hausschlüssel liegt, wie im Reiseprospekt angegeben, unter der Fußmatte. Der Blick ins Innere des Gebäudes stimmt uns schon etwas versöhnlicher, denn die Ausstattung ist modern und durchaus bequem. Die Enttäuschung beschränkt sich nur noch auf das äußere Umfeld, das so gar nicht zu unserer verklärten Vorstellung eines *cornishen Cottage's* passt. Wir werden uns sicher noch arrangieren. Zuerst packen wir schnell unsere vielen Sachen aus, für die auch reichlich Platz in Schränken und Kommoden vorhanden ist und entscheiden uns für eins der zwei möglichen Schlafzimmer, und zwar für das, was die Fenster nicht zur Hauptstrasse hat. Trotz ländlicher Gegend ist hier reichlich Durchgangsverkehr. Die Küche ist mit allen elektrischen Geräten ausgestattet, die man sich nur wünschen kann, einschließlich Waschmaschine und Wäschetrockner. Als sogenannte amerikanische Küche ist sie in den großen Wohnraum integriert, ein Tresen mit Barhockern trennt den offenen Raum optisch. Die Kaffeemaschine probieren wir als erstes aus und genehmigen uns ein Schälchen „Heeßen", wie der Sachse sagen würde, zum Wecken der

Stonehenge

St.Agnes

ALES FOOD

Miners Arms

Lebensgeister.

Zum Abendessen wandern wir in den Ort **St. Agnes**, der ungefähr 3 Kilometer von **Barkla-Shop** entfernt liegt. Die schmalen Landstraßen ohne Randstreifen sind für Fußgänger äußerst gefährlich, zumal wenn man sich erst noch auf den ungewohnten Linksverkehr einstellen muss. Die Landschaft gefällt uns hier sehr. Sie ist hügelig und hohe Hecken umsäumen Felder und Gehöfte. So weit das Auge reicht sehen wir überall saftiges Grün und wunderschöne Pflanzen. Zu dieser Jahreszeit blühen vor allem riesige Fingerhüte. **St. Agnes** ist ein kleines, ganz altes Städtchen und geprägt bzw. entstanden in der Zeit, wo hier Kupfer- und Zinnabbau betrieben wurden. Ruinen der ehemaligen Minenhäuser geben der Landschaft etwas Mystisches, man glaubt zerfallene Burgen zu sehen. Zwölf Minenanlagen waren früher in dieser Gegend in Betrieb, wovon noch die Namen der Häuser, Pubs und Straßen zeugen. Vom Äußerlichen her lassen die Restaurants nicht viel Gutes erahnen, doch drinnen sind alle, die wir uns heute angesehen haben, urig und gemütlich. Da Wochenende ist, sind alle Pubs bis auf den letzten Platz besetzt. Ein gerade freigewordener Tisch für zwei Personen bietet uns die Möglichkeit, im *„Peterersville Inn"*, doch noch zu einem Abendessen zu kommen, was hervorragend geschmeckt und preislich, nach Umrechnung von *Pound* in Euro, etwa identisch ist mit unseren einheimischen Gaststättenpreisen. Auffällig allerdings ist, dass viel Bier getrunken wird, aus großen Gläsern, randvoll ohne Schaumkrone. Auch der Tresen ist dicht umlagert und es herrscht regelrechte Feststimmung. Der Fußmarsch zurück zieht sich ganz schön lange hin. Es ist jetzt dunkel draußen und die Straße führt fast nur bergauf, wobei uns die vorbeifahrenden Autos auch noch sehr blenden. Wir sind dann froh, endlich unser „Häuschen auf Zeit" erreicht zu haben.

21

5. Tag

Die erste Nacht im *Cottage* haben wir gut geschlafen, obwohl der Landwirtschafts- und Berufsverkehr relativ zeitig einsetzte. Ab heute bereiten wir uns das Frühstück nun selbst, so können wir unseren heimischen Essgewohnheiten wieder besser frönen. Etwas gewöhnungsbedürftig und dabei nicht gerade bequem, ist das Sitzen am hohen Tisch mit Barhockern. 10:00 Uhr beginnen wir unsere Besichtigungstour, wir fahren zuerst nach **Tintagel**. Es ist eine kleine Stadt, etwa 60 Kilometer östlich von **St. Agnes**, an der Nordküste Cornwalls. **Tintagel** ist der Ort Englands, der die angebliche Existenz von *King Arthur* am Faszinierendsten lebendig werden lässt. Zur Burgruine oberhalb der Klippen, wo er auch geboren sein soll, pilgert man auf schmalen Pfaden, natürlich in Gesellschaft unzähliger Touristen. Die Felsenburg, seit dem 16. Jahrhundert bereits Ruine, hat an Reiz eben nichts verloren. Verbrieft ist allerdings nur, dass sich hier oben im 6. Jahrhundert ein keltisches Kloster befunden hat. Ob aber *King Arthur* vielleicht nur eine fiktive Figur ist, dessen Legende sehr lebendig ist und sich prima verkauft, bedarf noch der Klärung auf historischen Wahrheitsgehalt. Die Briten aber sind fest überzeugt, dass unter den Hügeln König Arthur und seine Ritter schlummern, und wenn das Land einmal in großer Not ist, werden sie aufsteigen und sich den Feinden stellen! Auch wir lassen uns heute einfangen von den Mythen, wozu sicher die herrliche Natur hoch über dem Meer und das traumhafte Wetter das Ihrige tun. Die Felsenrücken sind überzogen mit einem blühenden Trockenrasenteppich, aus dem sich üppig ganze Flächen mit Fingerhut und Schafgarbe herausheben.

Tintagel Castle
Castel Dyntagell

Legendary birthplace of King Arthur
Genesygla Myghtern Arthur a henwhethel

Artist's reconstruction of the castle in the 13th century

Spectacular setting with magnificent views

2000 years of history

Exhibition   Shop   Toilets

Opening hours

1 April–30 September   Daily: 10am–6pm

Ursprünglich stand das *Castle* auf einer Insel, die allmählich durch Wind und Strömung mit dem Land verbunden wurde. Schriftsteller und Filmemacher haben dieser zauberhaften Landschaft wohl auch nicht widerstehen können. Die mittelalterliche Anlage diente schon oft als Filmkulisse, z. B. den Verfilmungen der Bücher von Rosamunde Pilcher, die ihre Helden aber erst im 20. Jahrhundert angesiedelt hat. Literarische Bettlektüre dagegen über *King Arthu*r's Geburtsort gab es schon vom Hofpoeten Lord Tennyson in der viktorianischen Zeit. Viel früher, bereits im 12.Jahrhundert hatte der mittelhochdeutsche Dichter Wolfram von Eschenbach in seinem „Parzival" die Legende von Artus und seiner Tafelrunde thematisch bearbeitet. Auch uns ist die Geschichte lange schon bekannt und wir wissen dadurch, dass selbst das Zauberschwert „Excalibur" *King Arthur* nichts genützt hat, als Ritter *Lancelot* mit seiner Frau durchgebrannt ist. Ein Tatumstand, der heute wohl nicht der Anlass wäre zu kriegerischen Staatsaffären. Wir genießen noch ein wenig den bezaubernden Ausblick von hier oben, über den Rand der steilen Klippen hinweg auf das blaue Meer. Eine sehr zutrauliche Möwe sitzt auf den Steinen und nötigt uns krächzend zu einer Unterhaltung!

Zurück im Ort, lassen wir sehr schnell die Historie ruhen, denn langsam nimmt das Hungergefühl Gestalt an, das wir in einer *Bakery* befriedigen können. Heute wird echt *Cornish* gespeist. Die Bestellung bei der Bedienung übernehme ich, denn das soll auf dieser Reise mein Part sein, mich um das leibliche Wohl zu kümmern. Einmal tief Luft geholt und losgelegt*: I would like two pot of Cream-Tea, two freshly baked scones with Clotted Cream and fruit and for my husband a Traditinal Pastie with lamb and onions, please.* Kurzgesagt, ich glaubte zu bestellen: zwei Kännchen Tee, zwei Kuchenbrötchen mit Sahnecreme und Marmelade, für Volkmar eine gefüllte Blätterteigpastete mit Lammfleisch, Speck, Kartoffeln und Zwiebeln. Doch was die junge Dame an unseren Tisch schleppt, ist weitaus mehr! Was wir nämlich bisher nicht wussten ist, dass *Cream-Tea* ein fester Begriff ist, der ein Kännchen Tee, zwei Brötchen, Creme und Marmelade schon beinhaltet. Das bekommen wir also gleich zweimal, dazu noch einmal zwei Kannen Tee mit Milch, Zucker, Kandis und Kleingebäck, sowie noch zweimal die zusätzlich bestellten Brötchen mit Beiwerk! Nur gut, der Tisch ist groß genug, alles zu fassen. Für Volkmar aber klappt die Bestellung und er bekommt glücklicherweise nur eine Pastete serviert, aber zwei von den fettigen Teigbomben hätten ihn auch unweigerlich zum Platzen gebracht! Die *Cornish Pasties* waren früher als Verpflegung der Bergwerksarbeiter gedacht, damit sie bei der schweren körperlichen Arbeit nicht entkräften. Obwohl ich die Scones sehr lecker finde, passen in mich davon auch nur zwei Stück hinein und die restlichen belege ich zum Mitnehmen. Nur nichts umkommen lassen, morgen ist ja auch noch ein Tag! So durch und durch gesättigt, haben wir nicht mehr allzu große Lust, den Ort nach kulturhistorischen Sehenswürdigkeiten abzugrasen. Wir sehen uns nur noch das in der Reiseliteratur erwähnte alte, schon etwas windschiefe Gebäude aus dem 14. Jahrhundert an, das von 1844 - 1992 Poststation war. Heute beherbergt das „*The Old Post Office*" als museale Einrichtung eine viktorianische Poststube.

Wir fahren jetzt weiter nach **Boscastle**, einem kleinen Ort, der zwischen Schieferklippen tief eingeschnitten liegt. Mit den Auto ersparen wir uns den mühsamen Fußmarsch , der gut 5 Kilometer von *Tintagel Castle* in östliche Richtung führt. Dieser Klippenpfad wurde im 19. Jahrhundert oberhalb der Atlantikküste angelegt. Wächter gingen hier Streife, um die Schmuggler von Seide, Tee und Alkohol abzufangen. Der winzige Hafenort liegt in einem interessanten Tal, in das vom Land her drei Flüsse münden, die zur Meeresseite hin einen kleinen Fjord bilden. Schon im Mittelalter wurde dieser als Naturhafen genutzt. Genau diese so günstige Lage machte den schwer zugängigen Hafen zu einem Schmugglerparadies. Noch liegen jetzt die Fischerboote auf dem Trocknen, weil wir zur Zeit der Ebbe hier sind. Doch ein Rauschen von See her kündigt bereits die Flut an. Für Kinder und Liebhaber des Aberglaubens bietet das Hexenmuseum von **Boscastle** einen großen Anziehungspunkt. Uns reicht nur ein kurzer Blick zur Tür hinein, wir sind nicht so sehr für die irreale Welt zu begeistern. Langsam füllt die Flut das kleine Hafenbecken, die Fischerboote schaukeln bereits wieder auf dem Wasser. Wir haben aber für heute genug gesehen und erlebt und fahren nun nach **St. Agnes** zurück. Unser gut gefüllter Kühlschrank hat alles, was man für ein köstliches Abendessen braucht.

Doch auf einen *Scotch Whisky* und ein *Stella Lagerbeer* wandern wir noch vor Sonnenuntergang in den nur 10 Minuten entfernten kleinen Nachbarort Mithian, ins *„Miners Arms"*. Das alte Gasthaus lockt mit einer verführerischen Speisekarte, sodass wir bereits hier für morgen Abendpläne schmieden. Übersetzt heißt der Name dieser Gaststätte so etwas wie Bergwerkswaffen- oder Gerätschaften und deutet somit auf ihren Ursprung hin. Einst kehrten hier die Minenarbeiter nach ihrer schweren und staubigen Arbeit ein. Viele kleine Räume, ein mit Whiskysorten übervoller Tresen und alte Werkzeuge an den Wänden und auf dem Dielenboden lassen die Vergangenheit aufleben. Das beste jedoch, was wir hier zu sehen bekommen, ist der unglaublich dicke und graulich aussehende, wohl aber Rassehund des Gastwirts. Spontan frage ich: *can I take a foto?* Sofort befiehlt er ihn in eine fotogene Pose. Wenn er nicht so lieb gucken würde, wir hielten ihn bereits für den „Hund von Baskerville"! 25

Den Heimweg nehmen wir recht beschwingt, die schmale Landstraße erscheint uns jetzt viel geräumiger, als auf dem Hinweg! Um wie gewohnt am Weltgeschehen teilzunehmen, schalten wir uns noch vor dem Zubettgehen den Fernseher ein, aber kein einziger deutschen Sender ist hier zu empfangen. Mit dem Tempo der *News* - Sprecher kommen wir leider akustisch noch nicht mit, lediglich an den Bildbeiträgen lassen sich die Tagesthemen erahnen.

6. Tag

Bei wunderschönem Sonnenwetter und viel wärmer, als wir es je hier erwartet hätten, begeben wir uns auf die vielgepriesene Tour nach **Land's End.** Es ist die Landschaft am südwestlichsten Zipfel von England. Wir fahren auf schmalsten Straßen, auf denen selten zwei Fahrzeuge aneinander vorbei passen. Wir hoffen nur immer, dass die von Zeit zu Zeit eingerichteten Ausweichstellen auch im richtigen Moment kommen, denn sonst müsste man lange Strecken rückwärts fahren. Meistens sind die Wohngrundstücke, die Äcker und Weideflächen noch mit Steinwällen eingefasst, auf denen oben ausladende Hecken wachsen. So im Blick eingeengt, sahen wir bisher nicht so sehr viel von der reizvollen Gegend, erst jetzt, wo die dichten Hecken langsam lichteren Büschen gewichen sind, haben

Künstlerort
St.Ives

wir endlich auch freie Sicht über das Meer. Die Straße verläuft direkt oberhalb der Steilküste und führt durch Naturschutzreservate, die von einer Gruppe verwaltet werden, die sich *The National Trust* nennt. Unser erster Haltepunkt heute ist das Künstlerdorf **St. Ives,** was sich von einem steilen Hügel herab bis zum Meer erstreckt. Früher war es der Haupthafen der einheimischen Sardinenfischerei, doch als die Fischschwärme ausblieben, weil sie andere Meeresgründe bevorzugten, änderte sich langsam die Bestimmung des Ortes. **St. Ives** entwickelte sich Ende des 19. Jahrhundert zu einer renommierten Künstlerkolonie und im Schlepptau kam auch der Fremdenverkehr mit, begünstigt noch durch den Anschluss an das englische Eisenbahnnetz. Zuerst waren es die Maler, die an den schönsten Stränden Englands Naturstudien betrieben. In den dreißiger Jahren zog dann die Moderne ein, nicht zuletzt auch mit Künstlern verschiedener Nationalitäten, die auf der Flucht vor den Nationalsozialisten hier eine Übergangsbleibe fanden. Viele bekannte Namen sind mit **St. Ives** verbunden, z. B. ist die schreibende Zunft vertreten durch Schriftsteller wie D.H. Lawrence oder Virginia Woolf, die hier als Kind schon ihre Sommerferien verbrachte und ihren Erinnerungen mit *„To the Lighthouse"* ein Denkmal setzte. Daphne Du Maurier wohnte hier, deren „Rebecca" die literarische Vorlage zu Hitchcocks Film „Die Vögel" lieferte. Die berühmteste Vertreterin der Kunstszene ist aber wohl die Bildhauerin Barbara Hepworth. Ihre abstrakten Skulpturen, in Bronze gegossen, findet man überall im Ort aufgestellt. Weltweit bekannt ist sie aber durch die Plastik „Madonna mit dem Kind" geworden, die ihren Platz hier in der Pfarrkirche von **St. Ives** gefunden hat. Sie schuf sie zur Erinnerung an ihren Sohn Paul, der 1953 beim Einsatz der RAF in Thailand umgekommen ist. Die

Hepworth selbst starb 72 jährig, 1975 bei einem Brand in ihrem Haus, das nach der Wiederherstellung, heute ein Museum mit Skulpturengarten ist. **St. Ives** hat den Ruf, die schönste Stadt Cornwalls zu sein.

Noch haben wir nicht viel von Cornwall gesehen, aber wir finden diesen Ort hier auch bezaubernd. Geparkt haben wir oberhalb auf dem Hügel, auf dem *„Uplong"*, wie die Einheimischen diesen höhergelegenen, neueren Teil der Stadt nennen, um ihn vom *„Downlong",* der Altstadt zu unterscheiden. Wir schlendern langsam in der Mittagssonne die steilen Straßen abwärts. Ein fast südliches Flair umgibt uns. In den Gärten wachsen üppig die prächtigsten Blumen und Palmenarten, dazu der traumhafte Blick auf die bunte Stadt und ihre Strände. Es gibt jede Menge schönster Fotomotive. Durch ein Gewirr von vielen kleinen alten Gassen gelangen wir auf Kopfsteinpflaster vorbei an der im Jahre 1434 geweihten Pfarrkirche zur Hafenmeile. Hier reihen sich Verkaufsläden und Kunstgalerien wie auf einer Perlenschnur aneinander. Mit dem Ruf, den sich die wahren Künstler erwarben, kamen aber auch bald die Dilettanten und bis heute versuchen selbsternannte „Künstler" auf der Renommeewelle von einst, ihr Geschäft zu machen. Uns gefällt es aber, frei von jeglichem Kaufrausch, diese besondere Atmosphäre zu genießen. Jetzt um die Mittagszeit ist es um das Hafenbecken herum sehr heiß geworden, Abkühlung tut Not. Da kommt uns ein italienisches Café gerade recht, wo wir uns Cappuccino und Eis genehmigen, um dann wieder erholt, für den Rest der Besichtigung fit zu sein. Anschließend flanieren wir noch etwas am Kai entlang und amüsieren uns über die leeren, in Reih' und Glied stehenden, rot- und blaugestreiften Liegestühle. Hier und da lockt es uns, ein paar Galerien und Ateliers zu durchstöbern, wo die Künstler so beschäftigt sind, dass sie kaum Notiz von unserer Anwesenheit

28

nehmen. Zuletzt sehen wir uns noch die erst im Jahre 1993 erbaute *Tate Gallery* an. Sie ist von der Architektur her einem am Ufer liegenden Schiff nachempfunden. Wie Schiffsdecks sind die einzelnen Ausstellungsetagen gestaltet und geben einen umfassenden Einblick in die „*St. Ives School of Art*" mit Werken einheimischer Künstler, von der viktorianischen- bis zur Neuzeit. Auch die Bilder eines Fischers, ausgeführt in naiver Malerei, sind zu sehen. Er hat erst mit 70 Jahren begonnen sein Leben und die Natur auf der Leinwand festzuhalten. Das Café in der dritten Etage, mit schönster Aussicht auf das Meer, haben wir leider zu spät entdeckt.

Jetzt setzen wir unsere Fahrt in westlicher Richtung fort, in **St. Just** wollen wir das nächste Mal halten. Wieder nehmen wir die enge Straße durch den Naturschutzpark, direkt auf dem Klippenrand entlang. So wie heute morgen, haben wir auch jetzt nicht immer freien Blick auf die schroffe, steilabfallende Küste, weil der hohe Pflanzenbewuchs oft alles verdeckt. Am Rande der Landstraße stehen vereinzelt Ruinen von Pumpenhäuser und Schmelzen der ehemaligen Zinn- und Kupferminen, die bis vor 100 Jahren zur Metallgewinnung genutzt wurden. Erste Abbaunachweise reichen allerdings in diesem Landstrich bis 1.800 Jahre vor unserer Zeitrechnung zurück. Aber erst das Zeitalter der Industrialisierung hat die Nachfrage derart ansteigen lassen, dass etwa 50.000 Menschen zwei Drittel des Weltbedarfs hier erarbeiteten. **St. Just** war das Zentrum der Metallgewinnung, noch heute prägen die Reihenhäuser der Bergarbeiter das Stadtbild. Eine Rekordmarke hat die Stadt noch zu vermelden, sie ist angeblich der kneipenreichste Ort Großbritanniens, weil jedes vierte Haus eine Lokalität beherbergt. Sicher auch ein Relikt aus der Bergwerkszeit. Bevor wir **St. Just** erreichen, tanken wir am Straßenrand, an einer einzelstehenden, fast verloren wirkenden Zapfsäule, vor einem Privathaus. In dieser nicht gerade sehr dichtbesiedelten Gegend, sind solche *Petrol-Stations* beliebte Kommunikationszentren mit Alkoholausschank. Als Volkmar bezahlt, höre ich schon von Weitem die ausgelassene Stimmung. Mit der Tankwirtin kommen wir etwas ins Gespräch und sie gibt uns den Tipp, nicht **Land's End** anzusteuern, sondern die noch ursprünglich Natur am **Cape Cornwall** zu genießen. Überschwänglich höflich, wie es hierzulande üblich ist, bedanken wir uns bei ihr und fahren dem empfohlenen Ziel zu. Leichte Zweifel an der Sprachverständigung kommen aber auf, als der Weg nur noch die Breite von einem *foot- path* hat. Doch nach einem knappen Kilometer erreichen wir den versteckt liegenden Parkplatz, der zu einem privaten Golfclub gehört. Hier steigen wir aus und wandern über sanftbegrünte- und blumenbewachsene Hügel hinauf bis zu einem alten, aus Backsteinen gemauerten Leuchtturm. Was für ein Rundblick bietet sich uns von hier oben! Ganz glatt und ruhig scheint die so gefürchtete, wilde See dort unten zu liegen, obwohl schon an den weißen Schaumkämmen zu erkennen ist, dass wir uns irren müssen. Bereits seit der Piratenzeit gilt **Cape Cornwall** als ein gefürchtetes Seemannsgrab. Schiffe und Mannschaften mussten hoffnungslos aufgegeben werden, bis in die heutige Zeit hinein scheiterten oft dramatische Rettungsversuche. Jetzt gibt es ein spezielles Seerettungssystem mit den Männern von *„live boat"*, das die Schiffsbesatzungen rechtzeitig von Bord holen kann. Vorsichtig klettern wir wieder abwärts und sind am Ufer beeindruckt von den gewaltigen Wellen, die sich an den Klippen brechen. Es ist sehr stürmisch und wir werden ganz feucht vom Wind, der die Gischt in aerosolfeiner Verteilung zu uns herüber weht. Auf einen Kaffee setzten wir uns noch in den pikfeinen Golf-Club, kommen uns aber

30

etwas wie Exoten vor, denen man sofort ansieht, dass sie mit keinem *Handicap* aufwarten können. Wir fahren nun doch weiter nach **Lands' End** und ignorieren den guten Ratschlag der Tankwirtin. Leider! Bereits, als wir auf dem unübersehbaren großen Areal des Parkplatzes ankommen, bereuen wir hierher gefahren zu sein. Das südwestlichste Ende der Britischen Insel, einst der unübertroffenen Natur wegen heiß geliebt, ist leider eine Touristenattraktion geworden. Ein riesiger Vergnügungspark nimmt jetzt die Inselspitze ein. Das von einem Privatmann gekaufte Gelände wurde 1987 mit einem gläsernen Lokal bebaut und heute wird die Anlage mit Multimedia – Show betrieben. *„The Land's End Experience"*, lautet die Bezeichnung. Hoch sind natürlich die Eintrittspreise und Parkgebühren. Die Römer, die einst hier siedelten, nannten diese von der Brandung zerfurchten Felsen, in Ehrfurcht vor den Naturgewalten, Belerium, was soviel wie „Sitz der Stürme" heißt.

Zurück nach **St. Agnes** fahren wir zum größten Teil auf der A30, der Schnellstraße, die etwas mehr im Landesinneren verläuft und gut ausgebaut ist. So ein Tag voll neuer Eindrücke und Erlebnisse geht einfach zu schnell vorbei. Die Sonne ist verschwunden und die Luft wird spürbar kühler. Etwas frischgemacht, eine leichte Jacke übergezogen und schon sind wir auf dem Weg nach **Mithian**, ins *„Miners Arms"* zum Abendessen. Wir sind überrascht am Montag, in solch abgelegener Gegend, ein bis zum letzten Platz belegtes Lokal vorzufinden. Hervorragend, dazu noch preislich angemessen, ist das Speisenangebot, das wir in anheimelnder Atmosphäre genießen. Das vorsichtshalber mitgenommene Taschenwörterbuch bleibt unbenutzt. Welch einen Fortschritt machen unsere Sprachkenntnisse! Doch die Enttäuschung folgt leider sehr bald. Zurück in unserem Häuschen, gibt es wieder Schwierigkeiten mit den „Schnellsprechern" vom Fernsehen. Langsam kommen wir uns vom Weltgeschehen ausgegrenzt vor. Morgen müssen wir uns unbedingt wenigstens eine englische Zeitung kaufen, wenn wir hier schon keine deutsche erstehen können.

7. Tag

Die südliche Meeresseite von **Cornwall**, also die Küste entlang des Ärmelkanals, ist von der geologischen Beschaffenheit her etwas sanfter, während die von Surfern bevorzugten Strände eher an der Nordküste liegen. Auch **St. Agnes** ist so ein Surferparadies. Wenn wir heute von unserer Tagestour zurück kommen, werden wir uns zum Abend den Strand hier einmal genauer ansehen. Nach einem ausgiebigen Frühstück sind wir jetzt startklar für eine neue Erkundungstour, die uns diesmal in die südliche Richtung führt, und zwar quer über die schmale Halbinsel hinweg. Es sind von hier nur 15 km bis zu unserem ersten Ziel, die 19 000 Einwohner zählende Stadt **Truro**. Der Ort selbst liegt nicht ganz an der Küste, ist aber durch den *River* Fal und eine fjordartig zerklüftete Bucht, in die viele kleine Flüsse münden, indirekt mit dem Meer verbunden. Mehrmals täglich verkehren vom *Tower Quay* Ausflugsboote, die nach 1-stündiger Fahrt die Hafenstadt **Falmouth** erreichen. Auch wir haben uns nach Abstellen des Autos in einem Parkhaus auf den Weg zu dem kleinen Hafen begeben. Unschlüssig sind wir noch, ob unsere Zeitplanung eine solche Kahnpartie zulässt, aber die Ebbe nimmt uns in diesem Fall die Entscheidung ab. Als wir am Anlegesteg ankommen, fließt unter uns ein kümmerliches Rinnsal, auf dem man nicht einmal mit dem Paddelboot vorwärts käme. So begnügen wir uns eben nur mit einer Stadtbesichtigung. **Truro** hat die einzige Kathedrale **Cornwalls**, die letztgebaute Englands dazu. 1880 wurde hierfür erst der Grundstein gelegt und wie bei fast allen spätgebauten Kirchen, musste dafür auch ein älteres, kleineres Gotteshaus weichen. In diesem Fall war es die *St. Mary Chapel,* die abgerissen wurde, um für den neogotischem Prachtbau Platz zu schaffen. 800 Jahre war Truro klerikal völlig unbedeutend, weil es dem Bistum **Exeter,** somit der Grafschaft Devon, zugeordnet war. Als die Stadt aber 1876 zum Bischofssitz erhoben wurde, musste hier schnellstens eine Kathedrale her. Das Kapitelhaus kam erst 1967 dazu. Es ist deshalb nur besonders erwähnenswert, weil sich in dem Gebäude, außer den Räumlichkeiten für die Kirchenoberen und Gemeindeglieder auch ein großes Selbstbedienungsrestaurant befindet. Das ist für uns etwas recht Ungewöhnliches, in Großbritannien aber gehört zu jeder Kirche mindestens ein Café oder ein Bistro dazu, was wohl dem Zusammengehörigkeitsbedürfnis Gläubiger, der Kommunikation und dem Tourismus durchaus förderlich ist. Bei unserem weiteren Stadtrundgang kommen wir auch an einer Methodisten - Kirche vorbei, die uns durch ihre vieleckige Bauweise besonders auffällt. Eigentlich wollen wir bloß einen kurzen Blick hineinwerfen, stutzen aber, dass wir auch hier zuerst in einem Café landen. Sofort werden wir mit Handschlag von einem freundlichen, wichtig erscheinenden Mister Brown sehr höflich begrüßt. Als Touristen, die wissen, was sich gehört, geben uns ganz locker und kommen mit ihm so ins Gespräch. Wir plaudern über Gott und die Welt und erzählen von unserer Heimatstadt Halle, die ja auch die Geburtsstadt „ihres" Komponisten Georg Friedrich Händel ist. Unwahrscheinlich interessiert hört er zu, obwohl ich nicht ganz sicher bin, ob er wirklich von meinem „blumigen" Englisch auch alles versteht. Nur gut, Volkmar greift zwischendurch immer etwas sprachvermittelnd ein. So vergeht aber damit die Zeit und seine anschließende Führung durch den Kirchenraum, auch noch durch alle Nebenräume und Etagen des Gebäudes, finden Erläuterungen bis ins Detail. Er ist einfach glücklich, uns einen so „spannenden" Reiseeindruck vermitteln zu können. Alles, was er zu erzählen hat, ist zwar durchaus interessant , außerdem ist so ein tiefgreifendes Gespräch auch sprachlich sehr bildend, aber die Parkplatzgebühren steigen in dieser Zeit leider auch ins Unermäßliche. Die köstliche Begegnung mit *Ms. Brown* wird sicher bei uns bleibenden Erinnerungswert an diese Stadt haben. Wir schlendern nun weiter, immer nach fotografisch Interessantem Ausschau haltend, durch den Altstadtteil von **Truro**. Bereits im Mittelalter war es eine bedeutende Stadt, auch hier hat man von der Zinnverhüttung im Umfeld durchaus schon profitiert. Doch den eigentlichen Boom erlebt die Stadt erst in der georgianischen Zeit im 19. Jahrhundert. Einige attraktive Häuser, wie die *St. Mary's School* von 1836, wo heute das *Country Bedding Center* eingerichtet ist oder *Coinage Hall*, die Alte Münze, mit „*Charlott's Teahouse*". Seit 1989 ist **Truro** nun auch die Verwaltungshauptstadt von Cornwall, was ihr bereits verschiedentlich ein moderneres Gepräge gegeben hat. Mit postmodernen Gebäuden bis zu Einkaufsstrassen mit den großen englischen Handelsketten, hat sie Anschluss an die neue Zeit gefunden. Wir finden den Ort trotzdem nicht so aufregend, um hier

34

länger zu verweilen. Die Mittagszeit ist inzwischen überschritten; wir haben schlichtgesagt Hunger. Zu einem Imbiss nutzen wir das Kapitelhaus der Kathedrale. Außer einem äußerst preiswerten, wirklich gutem Mittagsmahl, kommen wir noch in den Genuss eines netten *Talks* mit einem älteren Ehepaar am Tisch, was aus **Exeter** stammend, hier in Cornwall ein paar Urlaubstage verbringt. Interessant an solchen Gesprächen ist immer der persönliche Eindruck, den man sich so von Land und Leuten verschaffen kann. Oft weichen die gewonnenen Erkenntnisse weit von der Reiseliteratur ab. Eins müssen wir immer wieder feststellen, für alle, mit denen wir bisher gesprochen haben, geben wir so eine Art Exoten ab. Mit dem eigenen Auto zumindest, scheinen sich wohl nur wenige auf die Insel zu trauen. Ein deutsches Kennzeichen haben wir bisher hier auch noch nicht ausmachen können. Nach einem letzten Blick auf die alles überragenden Türme der Kathedrale, verlassen wir **Truro** und fahren weiter nach **Falmouth,** einem ehemals berühmt - berüchtigtem Schmugglerort, direkt an der Südküste. Heute ist die Bedeutung der Stadt zweigeteilt. Einmal spielt sich das touristische Leben an und um den alten Ort am Hafen ab, die Historie ist überall spür - und sichtbar. Die andere Seite von **Falmouth** ist der neue Teil der Stadt, der auf einem Hügel über der Küste liegt. Jahrhunderte lang war **Falmouth** mit seinem Naturhafen praktisch Englands Tor zur Welt. Heinrich VIII. ließ im 16. Jahrhundert *Pendennis Castle* errichten, Cornwalls größte Festung, die wie ein Bollwerk am Eingang zum Hafen platziert ist. Blutige Abwehrkämpfe französischer- und spanischer Schiffe fanden hier statt, sogar der Belagerung im Bürgerkrieg durch Oliver Cromwell konnte lange standgehalten werden. Größeren wirtschaftlichen Aufschwung nahm der Ort, als in **Falmouth** 1688 von der Postbehörde *„The Packet Walkway"* eingerichtet wurde. Von hier aus gingen die Postsendungen zum Mittelmeer, in die Karibik sowie an die Küsten Nord- und Südamerikas. Auf den Rückfahrten gelangten im Gegenzug exotische Pflanzen und Samen ins Land, die im milden Klima Südenglands angezogen wurden und überall im Königreich Verbreitung fanden. Von der Geschichte und den Geschichten aus dieser Zeit berichtet das 2003 eröffnete *National Maritime Museum Cornwall* am Hafen, direkt an der Schnittstelle zwischen Alt- und Neustadt. Auf dem Weg zum Parkplatz nehmen wir noch einen Umweg über die kleinen mittelalterlichen Straßen mit den schwarz - weißen Fachwerkhäusern von denen viele Kaffee – und Teestuben, *Pubs* und *Inns* sind. Jeder bietet sein Speisenangebot auf Tafeln vor den Häusern an und versucht so die Gäste anzulocken. Wir bleiben diesmal standhaft, gehen stattdessen noch in eine Galerie, die Werke moderner Kunst ausstellt. Auf der Rückfahrt benutzen wir wieder das Navigationssystem, obwohl wir uns langsam gut zurechtfinden im Gewirr der kleinen Straßen um „unser" Dorf herum. Nach dem Abendessen aus dem hauseigenen Kühlschrank fahren wir, so wie wir es uns schon am Morgen vorgenommen haben, zur Küste von **St. Agnes.** Noch haben wir die Vorstellung, am Strand ein Abendbad nehmen zu können. Wir erleben aber gerade das Ankommen der Flut, etwas, was wir so noch nie in der Natur gesehen haben. Surfer in ihren Neopren - Anzügen fürchten dabei weder die wilde See, noch das kalte Wasser. Für uns bleibt es nur ein Schauspiel, was wir von einem höhergelegenen Aussichtspunkt betrachten.

Eden Project

8. Tag

Heute wollen wir uns die Biosphärenanlage „ *Eden Project*″ ansehen. Es ist die größte Gewächshausanlage der Welt und befindet sich an der nördlichen Peripherie der Stadt **St. Austell.** Wir sind schon sehr gespannt auf diese architektonische- und statische Großleistung, die als Millenniumsprojekt rund 76 Millionen Pfund verschlungen hat. Vor einiger Zeit sind wir durch einen Fernsehbeitrag bereits auf dieses spektakuläre Gartenparadies - Projekt aufmerksam gemacht worden. Nachdem wir jetzt unsere winzigen Straßen verlassen haben, fahren wir, wie schon gestern, auf der A 390 zuerst wieder in Richtung **Truro**, als ich am Straßenrand ein Hinweisschild nach **St. Michael** lese. Da glaube ich, dass es die kleine Insel mit der trutzigen Klosteranlage ist, die man bei Ebbe über einen Damm zu Fuß erreichen kann, bei Flut allerdings nur mit dem Boot. So etwas Ähnliches habe ich wenigstens im Reiseführer gelesen. Was liegt da näher, als solche Sehenswürdigkeit auf einem scheinbar kurzen Umweg noch mitzunehmen, zumal wir auch recht gut in der Zeit liegen. Die Autostraße verändert sich aber sehr bald zu einem Weg, der gerade so die Breite eines Autos hat, eingegrenzt mit hohen, dichten Hecken und unendlich vielen engen Kurven. Etliche Kilometer sind wir schon gefahren, ohne ins Land sehen zu können. Ein erneutes Hinweisschild vermissen wir auch. Langsam reift in uns die Erkenntnis, wohl dem falschen Ziel nach zu jagen, aber wir haben in dieser Lage keine Chance auf Umkehr. Endlich erreichen wir **St. Michael**, mit drei Häusern, sicher mit nicht viel mehr Spitzbuben und dann der wohl unbedeutendsten kleinen Dorfkirche, die diese Gegend zu bieten hat. Nichts von Meer, nichts von Insel und erst recht nichts von einer imposanten Klosteranlage! Nur der Namen des heiligen Michael stimmt überein. Unsere Hoffnung, von hieraus wieder auf eine größere Straße zu gelangen, erwies sich auch noch als Trugschluss. Wir waren am Ende der Welt! Also, alles wieder zurück bis zur Hauptstraße nach **St. Austell.** Noch während ich mir Vorwürfe wegen der ungenauen Recherche mache, platzt Volkmar schon mit dem nächsten Problem in meine Worttirade hinein. Am Ortseingang will er nach dem Portemonnaie greifen, das aber liegt auf dem Nachttisch und damit auch alle Ausweispapiere und Scheckkarten. Das ist aber heute wirklich nicht unser Tag! Mit einer Pfundmünze, die ich noch in meiner Hosentasche finde, können wir wenigstens für eine Stunde das Auto auf einem Parkplatz abstellen, um uns schon einmal einen kurzen Überblick über **St. Austell's** Innenstadt zu verschaffen. Es lässt sich schnell feststellen, dass wir hier kulturhistorisch nicht gerade überhäuft werden. Außer einer mächtigen Kirche und ein paar netten Fachwerkhäusern in ansprechendem Umfeld, gibt es in diesem Ort sonst nur Hinweise auf alte und neue Produktionsstätten. Die Kaolingewinnung in der Umgebung schaffte schon früher die Voraussetzung zur Porzellanherstellung, heute auch für Papier, Farben und die Medizin. Als Verkehrsknotenpunkt allerdings ist **St. Austell** für Cornwall sehr wichtig. Unsere Parkzeit ist noch nicht ganz abgelaufen, wir haben aber genug gesehen und fahren zurück in unser Quartierhäuschen. Morgen nehmen wir dann einen neuen Anlauf zur Besichtigung des *Eden Project*. Nach Spiegeleiern auf Baconstreifen sieht die Welt gleich wieder viel freundlicher aus. Obwohl das Wetter sich nun verschlechtert hat, etwas Sprühregen hatten wir unterwegs allerdings schon abbekommen, begeben wir uns erneut auf Tour.

Perranporth

Der unmittelbare östliche Nachbarort von **St.Agnes** heißt **Perranporth.** Er liegt direkt an der Küste, hat einen 5 Kilometer langen Sandstrand mit einer sehr interessanten Felsformation, die zur Zeit der Ebbe frei zugänglich ist. Feiner heller Sand sorgt während des Niedrigwassers für reges Badevergnügen, natürlich nur bei warmem Sonnenwetter. Die Idylle trügt allerdings, denn riesige Sanddünen wandern langsam ins Landesinnere, begraben fruchtbare Ackerböden allmählich unter sich. Das Wandern der Dünen hat einst zu einer sehr überraschenden archäologischen Entdeckung geführt. Die älteste Kapelle Englands, im 7. Jahrhundert von keltischen Missionaren erbaut, war im 16. Jahrhundert unter einer Düne verschwunden und plötzlich im 19. Jahrhundert teilweise wieder aufgetaucht. **Perranporth** ist zusammen mit dem nächsten östlich gelegenen Ort **Newquay** das Zentrum für Windsurfer, die hier bei den zum Teil sehr hohen Brechern schon Spezialisten sein müssen. Wir beobachten noch, wie sich die Windsurfer und Wellenreiter starklar am Strand positionieren, aber wir haben keine Lust, solange auf die Flut zu warten und fahren zurück.

Bei einer Tasse Kaffee habe ich Muße, der Sache mit **St. Michael** noch einmal auf den Grund zu gehen, die mir seit heute morgen nicht aus dem Kopf geht. Ein Blick auf die Landkarte erklärt mir den Irrtum eigentlich schon. Die gesuchte Klosterinsel heißt **St. Michael's Mount** und liegt entgegengesetzt von **St. Austell**, in einer Bucht vor **Land's End**. Aber interessanterweise lese und sehe ich gerade, dass dieser Klosterberg fast zum Verwechseln ähnlich dem **Mont-St-Michel** an der Küste der Normandie in Frankreich ist, der ebenfalls über einen Damm zu erreichen ist. Das ist aber kein Zufall, sondern beide Klöster sind normannische Gründungen des Benediktinerordens, aus der Zeit, als die Normandie noch zu England gehörte.

9.Tag

Die ganze Nacht über hat es gestürmt und stark geregnet. Am heutigen Tag erleben wir sogar einmal das typische englische Wetter, wie wir es uns mit Nebel immer so vorgestellt haben. Für heute hätten wir uns so gern etwas Sonnenschein gewünscht, trotzdem lassen wir uns nicht von unserem Tagesplan abbringen. Es bleibt beim Gartentag. Zuerst starten wir nach dem gestrigen Fehlversuch, nun erneut zum *Eden Project*. In dieser phantastischen Gewächshauswelt könnte man schon allein einen ganzen Tag verbringen. Es sind acht unterschiedlich große Kunststoffblasen, die wabenartig aus sechseckigen Luftkissen zusammengesetzt sind. Diese werden getragen von einer mächtigen Stahlkonstruktion, in die gleichzeitig Heizungssysteme und Belüftungsanlagen integriert sind. Etwa 195 600 Kubikmeter Raum werden hiervon umschlossen. Obwohl bequem der Londoner Tower darin verschwinden könnte, sieht man von weitem nur wenig von der 15 Hektar umfassenden Anlage, weil sie in einer 60 Meter tiefen, ehemaligen Kaolingrube errichtet wurde. Die Absicht, die dieses gigantische Großprojekt verfolgt, ist die Einheit aus Wissenschaft, Natur, Kunst und Technologie als untrennbares Ganzes darzustellen. Wir sehen eine Pflanzenwelt von traumhafter Schönheit und Größe, können dabei völlig vergessen, dass sich alles in einem künstlichen Refugium abspielt. Beispielsweise ist in der größten Gewächshauskugel, mit 50 Metern Höhe, auf 15 000 Quadratmetern Areal der Regenwald perfekt simuliert. Die tropische Vegetation Malaysias, Westafrikas oder Südamerikas erleben wir hier hautnah im künstlich erzeugten feucht - warmem Klima.

Dieser gewaltige globale Garten zeigt alles von der mediterranen bis zu unserer heimischen Pflanzenwelt, die dann allerdings schon mehr im Außenbereich zu finden ist. Wirkungsvoll haben sich überall Künstler dazwischen verewigt, meist mit Plastiken, die geschichtliche-, territorialbezogene- oder visionäre Themen aufgreifen. Trotz des trüben- und regnerischen Wetters, ist der Besucherandrang sehr groß. Ganze Familien und Schulklassen sind hier auf den Beinen, um die größte touristische Attraktion Cornwalls zu erleben. Aber auf große Menschenmengen ist man eingestellt und hat die entsprechende Infrastruktur dazu geschaffen. An jede Menge Parkflächen für Autos und Busse, Gaststätten, Souvenirläden, aber auch Informationsstände von Gärtnereien, die vom Pflanzensamen bis zur Fachliteratur alles anbieten, ist hier gedacht worden. Ein zahlungskräftiges Publikum ist dazu allerdings auch von Nöten, zumal die Eintrittspreise schon gepfeffert sind. Der Trubel, der jetzt so kurz vor Mittag hier einsetzt, vertreibt uns gewissermaßen aus dem „Paradies"! Wir haben aber trotzdem einen sehr interessanten Vormittag gehabt, auch wenn sich leider der vom Wetterdienst versprochene Sonnenschein nicht mehr eingestellt hat.

Den Nachmittag verbringen wir in „*Trewithen Gardens*", einer Anlage, die auf unserem Rückweg zwischen **St. Austell** und **Truro** liegt und eigentlich der Park eines alten Landhauses ist. Berühmt ist er für seine prachtvollen Kamelien-, Rhododendren- und Magnolienarten, sowie für seltene, sehr alte Bäume und Sträucher. Die oft geschichtsträchtigen Herrenhäuser in Cornwall und Devon sind fast alle noch in Privatbesitz und die Bewohner gewähren selten einen Einblick in ihre Intimsphäre, die Gärten dagegen sind meistens für die Öffentlichkeit zugängig. Durch Eintrittspreise und angeschlossene Gartencenter wird so ein Teil der aufwendigen

41

Pflegearbeiten finanziert. So auch hier in *Trewithen Gardens,* der 1904 noch eine ererbte Wildnis war und heute als: *„Perhaps the most beautiful woodland gardens in England"* zitiert wird. Pflanzensammler aus der ganzen Welt kaufen oder tauschen in *Trewithen Nurseries,* der hauseigenen Baumschule und können dabei aus über 1500 Pflanzenarten auswählen. Das Nebengebäude des Landhauses, die ehemalige Bäckerei, ist zu einem Raum für Videovorführungen umgebaut worden. In fortlaufender Folge wird hier ein Film über die 250 jährige Familiengeschichte des Hauses und der Parklandschaft gezeigt, er gewährt aber auch Einblick in die Ausstattung der Räume und zeigt die jetzigen Besitzer. So vorbereitet, wandern wir nun durch die einzelnen Gartenabschnitte. Obwohl wir zu einer Vegetationszeit hier sind, die zwischen Frühlings - und Sommerblüte liegt, kommen wir aus dem Staunen gar nicht heraus. Fließend verbinden sich die einzelnen thematisch gestalteten Gartenteile zu einem unglaublich harmonischen Ganzen. Es blühen gerade noch die letzten Rhododendrenbüsche und ergießen sich wie farbiger Regen auf die Rasenflächen, diese wiederum geben einen weiten Blick auf das Herrenhaus frei. Nicht ohne Grund findet man dieses Bilderbuchmotiv immer wieder als Filmkulisse, vornämlich bei Rosamunde – Pilcher - Verfilmungen oder in der Werbung. Der Rundblick von einer Aussichtsplattform zeigt uns noch einmal die Größe des Gartens und das wie selbstverständliche Übergehen in einen weiten Landschaftspark. Wir kehren nun zum Ausgang zurück und setzen uns noch für eine Weile in den *Tea Room,* wo lokale cornische Produkte serviert und verkauft werden. Jetzt, wo wir zur Ruhe kommen, fällt uns erst einmal auf, dass wir den ganzen Tag auf den Beinen waren, ohne eine erholsame Pause eingelegt zu haben.

Trewithen Gardens

Auf dem Weg zum Cottage kommen wir direkt am „Miner's Arms"
in **Mithian** vorbei, wo wir dann auch gleich zum Abendessen
bleiben, denn langsam hängt uns nun schon der Magen in den
Kniekehlen. Wir fühlen uns in diesem urigen Gasthaus aus dem 16.
Jahrhundert und seiner sympathischen Bewirtschaftung sehr wohl.
Lecker essen gehen und ganz nebenbei unsere Sprachkenntnisse
perfektionieren, macht das Lernen eigentlich ganz angenehm, wenn
sich da nicht immer wieder Fehler einschleichen würden. So ist
meistens die ausgesuchte Speise, trotz genauer Übersetzung ins
Deutsche, dann serviert, doch *„a new experience",* eine ganz neue
Erfahrung! Aber alle Irrtümer waren bisher trotzdem durchaus gut
essbar und den schlechten Ruf der englischen Küche können wir
bisher überhaupt nicht bestätigen.

10. Tag

Der letzte Tag in unserem *Cottage „The Grange"* in **Barkla Shop**
ist leider wieder ein trüber, aber ein warmer Tag. All zu viel
haben wir von der unmittelbaren Umgebung von **St.Agnes** bisher
noch nicht erkundet, so dass wir heute einen Wandertag einlegen
und Versäumtes nachholen. Bis zum Parkplatz in der Ortsmitte

fahren wir mit dem Auto und laufen nach der kleinen Wanderkarte los, die wir uns im *Infomation Center* geholt haben. Das Ziel ist nach einer Klippenwanderung der *Chapel Porth,* ein Strandabschnitt mit einer kleinen, feinsandigen Bucht. Der Legende nach soll hier in grauer Vorzeit ein Riese, namens Bolder, die schöne Agnes heiß begehrt haben. Als Beweis seiner Liebe verlangte sie von ihm, dass er eine kleine Höhle im Riff mit seinem Blut füllen soll. Er willigte ein und fand auch die passende Höhle. Was er nicht wusste war, dass diese eine unterirdische Öffnung zum Meer hatte. So floss das Blut ständig ab und er wurde schwächer und schwächer, bis er in die Höhle hinein fiel und selbst ins Meer gesogen wurde. Bei Mitternacht kann man noch heute auf dem Grund der Höhle den Blutfleck erkennen. Dieses Schauspiel werden wir nicht erleben, denn bis Mitternacht wollen wir längst wieder zurück sein. Zuerst müssen wir aber den Weg zum *Chapel Porth* finden. Verwirrend ist das Netz der vielen Wanderwege in der Umgebung von **St. Agnes.** Wegweiser mit der Beschriftung: *Foot- Path,* stehen an jeder kleinsten Kreuzung, nur nicht wohin sie führen. Anfangs geht es noch durch bewohntes Gebiet mit ansehnlichen Neubauvillen, bis nur noch vereinzelt gepflegte, sehr alte *Cottages* mit wunderschönen Gärten anzutreffen sind. Mit Reet gedeckt, erinnern sie uns direkt an die Fischerhäuser an unserer Ostseeküste. Die Gegend hier ist menschenleer, so können wir auch niemanden nach dem Weg fragen. Irgendwie gelangen wir immer landeinwärts, an baumbestandenen Hängen hinab, obwohl wir schon von Weitem manchmal sogar das Meer rauschen gehört haben. Der Küstenwald ist sicher ein vor langer Zeit rekultiviertes Bergbaugebiet und heute Küstenschutzstreifen mit Wanderwegen durchzogen. Zuerst haben wir uns noch an den Ruinen der Zinnminen zu orientieren versucht, was jedes Mal auch bloß in eine Sackgasse führte. Als wir dann eine

44

fröhlich schwatzende Gruppe älterer Leutchen plötzlich vor uns laufen sehen, schließen wir uns gleich an. Die Damen tragen leichte Sommerkleider, die Herren aber sind im korrekten Anzug mit Krawatte auf Tour. Amüsiert hat uns ihr Schuhwerk, nämlich zünftige Wanderstiefel, die so gar nicht dazu passen. Für die feuchten und recht rutschigen Wege aber in dieser Gegend, sind sie bestens ausgerüstet. Wie wir feststellen, ist es nun auch gar nicht mehr weit zu einer Landstraße, aber allein wären wir sicher noch ewig bergauf und bergab unterwegs gewesen. Direkt an der Straße steht ein einsames Gasthaus, das „*Victoria Inn"*, was schon seit Generationen müden Wanderern etwas zu Essen und Unterkunft bietet. Wir nehmen hier dann auch das erste Mal echt *English Fast foot* zu uns. Zwar liebevoll mit einem Hauch von Salat angerichtet, schmeckt uns das in der Mikrowelle erwärmte, leicht undefinierbare Gemisch aus Fleisch, Kohl, Bohnen, Kartoffeln und Reis ehrlich gesagt nicht. „Der Hunger treibt's rein", hätte mein Vater diese Art von Sättigung genannt! Zurück zum Parkplatz nach **St. Agnes** sind es schätzungsweise von hier 5 Kilometer, die wir aber lieber auf der Landstrasse gehen, als uns erneut zu verlaufen. Mit dem Auto fahren wir dann doch noch zum *Chapel Porth* und sind überrascht, wie viele Leute am Strand sitzen und sich die Wahnsinnsbrandung ansehen. Die Wellen türmen sich an der Nordküste viel höher auf, als im Süden, denn der Westwind kommt hier ungehindert vom Atlantik. Bei schönem Wetter muss die Bucht wirklich traumhaft sein, nur heute sieht man vor Nebelschwaden alles nur schemenhaft. Der Eismann hat sich aber nicht vertreiben lassen, er macht ein gutes Geschäft, auch bei schlechtem Wetter. Mit einer Tüte Eis bewaffnet, betrachten wir uns ein Schauspiel, was sich draußen, außerhalb der engen Bucht abspielt. Zwei Windsurfer kämpfen gegen haushohe Wellen an, um den Strand zu erreichen. Fast panische Angst kommt

45

bei uns auf, als sie ewig aus dem Wellental hinter der Brandung nicht wieder auftauchten. Doch dann reiten sie auf dem Kamm der Welle wieder empor und lassen sich auf den Sand gleiten. Sie steigen dann von ihrem Surfbrett herab, als hätten sie die einfachste Sportart der Welt betrieben. Es ist uns jetzt am Strand zu feucht und ungemütlich, sodass wir lieber aufbrechen, um noch ein wenig durch **St. Agnes** zu bummeln. Die Sonne hat es wieder nicht geschafft, durch die Wolken zu kommen, aber es ist schwülwarm am Nachmittag geworden. **St. Agnes** ist ein sehr bergiger Ort mit engen Einbahnstraßen. Es gibt viele alte Häuser, denen man den Reichtum aus der Zeit des Bergwerkboom ansieht, aber auch die winzigen Häuschen der Minenarbeiter und so mancher *Pub* oder *Inn* aus dieser Zeit wird noch bewirtschaftet. Nach der Schließung der letzten Minen in diesem Landstrich zog es auch hier Handwerker und Künstler her. Viele kleine Geschäfte führen Galerieartikel oder sind Handwerksbetriebe im Sinne von Kunsthandwerk. Uns gefällt hier vieles, ob es nun Bilder sind oder Schmuck, auch bei Papierkunst und Keramiken haben wir einmalige Exponate gefunden. Alles scheint noch dem Bedürfnis entsprungen zu sein, wirkliche Unikate zu schaffen. In der Werbung heißt es z.B.: *Gallery for Fine Cornish Art - Image of Cornwall.* Zum Abend betreiben wir noch etwas Körperpflege, Haarwäsche u.s.w., weil wir nicht wissen, ob wir im nächsten Quartier wieder alle Möglichkeiten dazu haben. Es wird eine *B & B* Unterkunft in **Totnes** sein, sogar als 4 Sterne *Bed and Breakfast* Hotel hat es Volkmar über das Internet von zu Hause aus geordert. Das ist sicher schon eine Luxusstufe in der sonst üblichen *B & B* Klassifizierung. Diese private Übernachtungsmöglichkeit ist *very British* schon seit ewigen Zeiten. Man sagt sogar, die Kelten sollen bereits die ersten Vermieter gewesen sein. So bieten britische Familien in ihren Häusern

46

preiswerte Zimmer mit Frühstück an. Einst aus finanzieller Not der Vermieter heraus geboren, ist daraus heute eine ganz neue Art des Reisens entstanden. Waren es früher noch die Mädchenzimmer oder nur bessere Besenkammern, ohne Schrank und Waschmöglichkeit im Raum, wird jetzt schon gleich beim Hausbau B & B eingeplant. Aber noch immer ist ungezwungener Familienanschluss erwünscht, sogar recht gern werden Einblicke in den britischen Alltag gewährt. Für ausländische Gäste ist der Sprachkontakt eine zusätzliche, kostenlose Serviceleistung.

11. Tag

So gegen 10 Uhr sollen wir, laut Hausordnung, das Gebäude zur Übergabe an den Besitzer bereit haben. Also stehen wir zeitig auf, frühstücken den Kühlschrank leer und packen unsere Koffer. Wie das bei der Regie meines lieben Mannes so üblich ist, sind wir natürlich viel zu früh damit fertig. Ich finde noch Zeit, ein paar Urlaubskarten in die Heimat zu schreiben und sie sogar noch direkt im *Postoffice* in **St. Agnes** abstempeln zu lassen. Heute ist nun ein sonniger Tag, schade, dass wir ihn hauptsächlich zum Fahren nutzen werden. Von Haus zu Haus sind es aber nur etwas über 120 Kilometer, eine Entfernung, die wir gemächlich angehen können. Auch hier soll der Weg das Ziel sein, denn wir wollen ja auf unserer Reise viel über Land und Leute erfahren. Noch sitzen wir vor dem *Cottage* und erwarten die Vermieter des „*The Grange"*. Die vereinbarte Zeit ist inzwischen längst vorbei und niemand hat sich bisher blicken lassen. Wir legen einfach den Hausschlüssel wieder unter die Fußmatte und fahren los, denn der Tag ist viel zu schön, um ihn mit Warten zu vertrödeln. Zuerst geht es auf den uns längst vertrauten engen kleinen Straßen, den *country lanes,* über **Mithian,** vorbei an **Truro** und **St. Austell.** Auf der A 390 fahren wir weiter in östlicher Richtung, bis wir nach etwa 22 Kilometern, kurz vor **Liskeard** auf die A 38 treffen. Das ist schon eine Strasse größerer Ordnung, wo man richtig auf den Verkehr achten muss, denn keiner scheint sich hier an die vorgegebene Höchstgeschwindigkeit von 96 km/h zu halten. Autobahnen gibt es in Cornwall nicht, nur die Schnellstrassen. Um trotzdem gut fließenden Verkehr zu gewährleisten, sind überall an den Zu- und Abfahrten die sogenannten *roundabouts* als Kreuzungshilfen zu finden. Wenn man nur einen solchen Verkehrskreisel passieren muss, ist das auch beim Linksverkehr gut zu packen, schließt sich aber gleich ein zweiter daran an, verlangt das schon tüchtiges Umdenken für uns eigentliche Rechtsfahrer. Nach einer Tankpause leisten wir uns einen Abstecher an die Südküste, denn wir haben noch reichlich Zeit und das schöne Wetter wollen wir nicht ungenutzt lassen. So kommen wir nach **Looe,** einer kleinen historischen, sehr traditionsreichen Hafenstadt. Der Vorteil vieler Orte hier am Meer ist, dass durch die fjordartige Aufweitung der Flussmündungen, an denen sie liegen, natürliche Hafenbecken entstanden sind. So lebt auch **Looe** vom Charme dieser Lage. Der gleichnamige Fluss teilt

48

Looe

den Ort in *East Looe* und *West Looe,* verbunden sind beide Stadtteile durch eine alte steinerne Sieben-Bogen-Brücke. Der östliche Teil lädt uns zum Bummeln durch die reizende Altstadt ein, die geprägt ist von den Spuren, die Fischerei und Handel mit Sardinen, der Schmuggel und vor allem die Kupferausschiffung hinterlassen haben. Dass alle diese Beschäftigungen zu Wohlstand gereicht haben, erkennt man an den prachtvollen mittelalterlichen Häusern im Fachwerkstil. Viele Bäckereien, Cafe's und Pub's, mit Namen wie: *Fischerman's Arms, Schmagglers Cott* oder *Sea Breeze* locken unzählige Touristen an. Heute zum Sonnabend herrscht auf den großen Parkplätzen am Ortseingang schon reger Besucherverkehr. Es ist in England noch üblich, dass die ganze Familie an den Wochenenden etwas gemeinsam unternimmt. So auch hier. Von der Großmutter bis zum Kleinkind zieht alles, bepackt mit Picknickkörben und Badezubehör, zum Strand. Den *East Looe Beach* haben pfiffige Stadtväter vergrößern lassen, indem sie die dahinterliegenden Felsen einfach terrassenartig abtragen ließen. Dicht umlagert sind um die frühe Mittagszeit auch schon die Verkaufsstände, wo *Fish* & *Ships* und anderes Fettgebackenes angeboten wird. Über den Fluss *Looe* gibt es, noch kurz vor seiner Mündung ins Meer, eine Fähre, die ebenfalls die beiden Ortsteile miteinander verbindet. Bei Ebbe saß sie aber leider im flachen Wasser fest, sodass wir nicht übersetzen konnten, um uns noch an der anderen Uferseite die St. Nicholas Kirche an zu sehen. Der heilige Nikolaus ist ja bekanntlich der Schutzpatron der Seeleute und die Küstenbewohner im 13. Jahrhundert wollten mit der Namensgebung um kirchlichen Beistand bitten. Aber schon ab 1574 wurde die Kirche auch anderen Verwendungszwecken zugeführt. So wurde sie erst Rathaus, es fanden weltliche Veranstaltungen hier statt, dann wurde ein kleines Gefängnis darin eingerichtet und was ich besonders bemerkenswert finde, es gehörte dazu ein Käfig für „ungezügelte" Frauenzimmer, was immer das auch heißen sollte. Wir gehen langsam am *Quay* wieder Richtung Parkplatz zurück. In einer winzigen *Bakery* mit nur vier Tischen , aber einem Konditoreiwarenangebot wie in einem 4 Sterne Hotel, legen wir noch einen Mittagsimbiss ein. Der herrliche Sonnenschein hat den Neustadtteil des Ortes, entstanden zwischen viel Grün am Uferhang des Looe, zur filmreifen Kulisse ausgeleuchtet. Die Häuser sind um die Wende vom 19. zum 20. Jahrhundert erbaut und bilderbuchschön restauriert. So dienten sie und die reizvolle Klippenlandschaft um **Looe** schon den legendären Filmen Hitchcocks: „Die Vögel" und „Rebecca", beides nach Buchvorlagen von Daphne du Maurier, als Drehorte. Nachdem wir die alte Brücke überquert haben, sind wir wieder am Parkplatz angekommen. Das Navigationssystem führt uns auf dem kürzesten Weg zurück zur A 38, aber leider sind wir zeitlich nun etwas knapp und können keinen weiteren Zwischenstopp mehr einlegen. Wir hätten uns sehr gern noch **Plymouth** angesehen. Es ist nicht nur die zweitgrößte Hafenstadt an der englischen Küste, es ist auch das Zentrum der historischen Seefahrt. Von hier aus versetzte Francis Drake im Jahre 1588, der bis dahin als unbesiegbar geltenden Spanischen Armada, den Todesstoß. Von Elizabeth I. wurde er darauf hin zum Ritter geschlagen. Im Jahre 1620 wurden die Anker des legendären Segelschiffs *Mayflower* gelichtet, als die „*Pilgrim Fathers*" von **Plymouth** aus nach Amerika aufbrachen. Und nicht zuletzt war es James Cook, der hier im Jahre 1768 zu seiner ersten und wichtigsten Expedition aufbrach. Als Naturforscher, aber auch als Wegbereiter des englischen Kolonialismus ist er in die Geschichte eingegangen.

Aber im Zweiten Weltkrieg ist durch die Bombardierung des englischen Marinestützpunktes von dem historischen Hafengelände leider nicht mehr viel übrig geblieben.

Knapp 40 Kilometer sind es jetzt noch bis **Totnes**. Genau vor dem Haus endet die Navigation; wir sind wirklich immer wieder erstaunt über die Präzision dieses Gerätes. Kaum zu erkennen, weil es total mit blühenden Kletterpflanzen zugewachsen ist, sind wir doch sicher, das richtige Gebäude gefunden zu haben. Über der Hausdurchfahrt, als solche nicht mehr genutzt, steht in schmiedeeisernen Buchstaben: *The Old Forge*. Es war also einmal die alte Schmiede des Ortes. Wir finden einen äußerst interessanten Gebäudekomplex vor, über den ich sicher noch einige Male berichten werde. Zuerst erfolgt das Begrüßungszeremoniell durch den Hausherren, super höflich, aber genau so britisch, wie wir es uns vorgestellt haben. Für das mehrfach ausgezeichnete vier Sterne *B & B* gibt es klare Aussagen über Tagesablauf und Hausregeln. Wir hoffen alles gut in Englisch verstanden zu haben, denn Deutsch wird hier nicht gesprochen! Wir nennen ihn von nun an David, die Hausdame dazu heißt Christine und nach ihr hat das Anwesen auch den zweiten Namen „Haus Christine ". Ein zusammengehörendes Paar scheinen die beiden allerdings nicht zu sein. Christine werden wir erst am Abend kennen lernen. Jetzt führt uns David erst einmal zu unserem Zimmer. Es liegt außerhalb des Haupthauses im Seitenflügel, gleich an die ehemalige Durchfahrt angebaut. Äußerlich sieht das ganze Haus noch aus, wie zu seiner Entstehungszeit vor 600 Jahren. Es ist ein kompakter Steinbau. Das einzige Moderne daran ist ein Wintergarten, der das Hauptgebäude nach hinten verlängert. Zwischen dem zweigeschossigen Anbau und dem eigentlichen Gebäude erstreckt sich ein idyllisch gestalteter Garten, mit kleinen versteckten Sitzecken, sehr schönen Gewächsen und ausgewählten Dekorationsgegenständen. Wir sind wirklich überrascht, denn von der Strasse her wirkt das Anwesen eher sehr schlicht und längst nicht so groß. Nun zum *Gardenroom en suite,* wie die offizielle Bezeichnung für unser Zimmer lautet, das vom Garten her einen eigenen Eingang hat. Schmiedeeisernes Gestühl gehört zu dem Sitzplatz davor und über eine zweiflügelige Glastür gelangen wir ins Zimmer. Sträucher sowie Übergardinen zum Zuziehen versperren den anderen Gästen Einblicke in unsere Privatsphäre. Die Raumgröße ist erschreckend winzig; es sind höchstens 11-12 Quadratmeter Grundfläche, wovon sogar noch ein schmales Stück für Dusche und WC abgeschlagen ist. Den Hauptteil des Zimmers nimmt das Doppelbett ein. Spiegel sind an allen möglichen Stellen angebracht, was den Raum optisch vergrößern soll. Für nichts ist eigentlich richtig Platz, aber ein Tischchen mit Zubehör für die Teebereitung musste unbedingt noch in der Ecke stehen. Die Ausgestaltung in Stil und Farbe spricht schon im Voraus die Sprache der Gastgeberin. Mit viel Liebe ist alles aufeinander abgestimmt zwischen Plüsch und wertvoller Handarbeit. Wir holen erst einmal tief Luft und lassen diesen Traum auf uns wirken! Im Garten wird uns etwas Tee serviert und entsprechend der Devise: Tee trinken und abwarten, stellen wir uns nun ganz gelassen auf die neue Situation ein. Wir haben so nicht nur an Erkenntnis, nein scheinbar auch an Platz gewonnen, denn bis auf Koffer und Reisetasche, die wir entleert zurück ins Auto packen müssen, verstauen wir wirklich alles irgendwie im Zimmer. Der Nachmittag rückt langsam auf *five o clock,* da wird es Zeit, noch einen ersten Gang in die an Historie reiche Stadt **Totnes** zu unternehmen. Die Stadtväter sind davon überzeugt, dass Brutus, Sohn oder Enkel des antiken griechischen Helden Äneas, so genau scheint das nun auch wieder nicht

52

Totnes

überliefert zu sein, ihre Stadt gegründet hat. Ein Gedenkstein erinnert jedenfalls an die unvergessliche Tat des jungen trojanischen Prinzen im Jahre 1170 v. Chr. Laut meiner Übersetzung steht auf einer Stele folgender Text: „Hier stehe ich und hier raste ich. Und dieser Ort soll Totnes genannt werden". Durch die Stadt fließt der *River* Dart und trennt sie in einen alten und neueren Teil, trotzdem ist sie zu einem harmonischen Ganzen verschmolzen. Durch das bergige Umfeld begrenzt, hat sie sich längs zu beiden Seiten des Flusstales ausgebreitet und auf charmante Weise wurde hier verstanden, den Flusslauf in die Gestaltung einzubeziehen. Reizvoll liegen an den Ufern Bootsanlegestellen, Lokale und alte Speicher mit ihren schmalen Giebeln zum Wasser hin. Wir wandern zuerst die mit Kopfsteinen gepflasterte enge Hauptstrasse bergauf, an zum Teil uralten windschiefen Häuschen vorbei. Das goldene Zeitalter von **Totnes** war das 16. Jahrhundert, wo Ex- und Import auf dem schiffbaren Dart florierten. Es wurde Wolle nach Frankreich verschifft und im Gegenzug importierten die Kaufleute Weine für den englischen Markt, Zinn gelangte dann von hier aus auf dem Wasserweg bis zum Meer. **Totnes** zählte zu den reichsten Städten ganz Englands. Heute stehen fast nahtlos Gebäude und Stadttore der unterschiedlichen Zeitepochen unverändert nebeneinander, selbst der Tourismus hat in diesem Ort solche Hinterlassenschaften nicht verfremdet. Gerade noch ein paar Minuten vor Ende der Öffnungszeit, erreichen wir das weithin sichtbare *Castle* aus dem 14. Jahrhundert, was die Normannen auf einem aufgeschütteten Hügel, als Trutzfeste errichten ließen. Solche künstlichen Burgberge nannte man damals Motte. Überwältigend sind die Ruinen nun nicht gerade, aber überwältigend ist in der frühen Abendsonne der wunderbare Panoramablick über die ganze Stadt mit ihren grünen Hügeln und den Parkanlagen am Flussufer.

Zurück zu unserer „Alten Schmiede" gehen wir am Rathaus vorbei, von dem wir lasen, dass es eine bewegte Geschichte hinter sich hat. Im 11. Jahrhundert bereits war es Speiseraum und Küche eines Benediktinerklosters. Nach dem Umbau, im Jahre 1553, wurde von hier aus die Stadt verwaltet, die sogar eigene Münzen prägen durfte. Später kam das Gefängnis hinein und als Gerichtsraum wurde es noch bis in das Jahr 1974 genutzt. Über 600 Bürgermeister haben hier Stadtgeschichte geschrieben und alle Namen sind an der Wand des großen Saales auf Holztafeln aufgelistet. Nicht nur die Geschichte dieses Hauses ist interessant, auch seine Bauweise mit säulengetragenen Vorbauten, macht das Stadthaus zu einer touristischen Sehenswürdigkeit. Für den Abend haben wir uns ein Lokal ausgeguckt, das am Ufer des Dart liegt. Der Fluss ist hier etwas breiter und der Name der Gaststätte verrät uns auch schon den Grund dafür. Es ist das *„The Steam Packet Inn"*, wo einst Schiffe be- und umgeladen wurden. Heute ist diese Flussstelle zu einem kleinen Yachthafen ausgebaut, der ein beliebter Treffpunkt ist. Da es schon dunkel wird, langsam vom Wasser her auch Kühle aufzieht, setzen wir uns nicht mehr ins Freie, sondern gehen in die Gaststätte hinein. Aber Halt, Eintritt nur nach Vorbestellung! Ohne Zweifel hat uns hier nur unser sprachlicher Charme, Tür und Tor geöffnet! Jedenfalls bekommen wir noch ein kleines Tischchen, in einem besonders gediegen eingerichteten Raum. Wenn es ein Wohnhaus wäre, würde ich sagen, wir sitzen in der Bibliothek. Bücherwände, schwere Ledergarnituren und ein brennender Kamin sorgen im Raum für eine sehr private Atmosphäre, nur der große Tresen, im vorderen Bereich des Zimmers, sorgt für die nötige Geschäftigkeit einer Gaststätte. Heute ist Sonnabend und da trifft sich der gesellige Brite im *Pub* oder im *Inn* mit Verwandten, Studienfreunden oder Clubmitgliedern, wie hier z.B. vom Yachtclub nebenan.

54

Die Lokalität besteht aus einer ganzen Reihe unterschiedlich ausgestalteter Räume, wo von der High Society bis zur Turnschuhgeneration jeder seine Wohlfühlecke findet. Als interessierte Beobachter und vor allem als „Bildungsreisende" kommen wir an diesem Abend voll auf unsere Kosten. Wie wir schon andernorts festgestellt haben, sind Speisekarten fast überflüssig, denn die Tagesgerichte und besonders gängige Speisen sind auf großen Tafeln gut sichtbar aufgeschrieben. Man wählt das Essen und die Getränke aus und bestellt sie dann anschließend am Tresen selbst. Die Getränke nimmt man gleich mit zum Tisch, während die Speisen von einer Kellnerin serviert werden. Bei der Fülle des Lokals ist dadurch ein ständiges Kommen und Gehen vor dem Tresen. Gäste, die bisher keinen Platz im Lokal gefunden haben, stehen mit Getränke auch noch vor dem Ausschank oder sitzen wartend auf Barhockern. Volkmar hat sich nun auch zwischen die Menschentraube geschoben und im reinsten Schulenglisch unsere Bestellung aufzugeben. Wir werden ja sehen, wenn wir die Speisen auf dem Tisch haben, ob meine Küchenvokabeln auch ausgereicht haben. Das Bier wird hier in mindestens zehn gängigen Sorten angeboten und mit einem regelrechten Bierberg gezapft. Die in England verwendete Volumeneinheit *Pint* (1 *pint* entspricht 0,568 Liter) passt sonst nicht in die üblichen Halbliter gläser. Da aber keiner der Gäste so ein volles Glas die Strecke zum Tisch schadlos transportieren kann, schlürfen alle schon vorher etwas im Gehen ab, was fast schon wie ein Bierritual wirkt. Das Glas „Lager", wie das helle Bier heißt, was Volkmar sich ausgesucht hat und mein Apfelsaft, sehen sich zum Verwechseln ähnlich, denn das Bier hat hier keine Schaumkrone und der Saft ist sehr naturtrüb geraten! Aber geschmacklich gibt es nichts einzuwenden. Während wir auf das Essen warten, beobachten wir ganz unauffällig unser Umfeld.

Wie wir auch hier wieder feststellen, zeichnet bescheidene Eleganz und königlicher Abglanz den älteren englischen Gast aus. Die jungen Leute dagegen sind modern und sehr lässig gekleidet. Sie trinken und essen gern, was ihnen sichtbar mehr Körperfülle beschert, als den vorangegangenen Generationen. Schluss aber jetzt mit solchen Betrachtungen, denn wir bekommen gerade das Essen serviert. Jede Bestellung ist doch immer wieder ein Erlebnis, weil es selten das ist, was wir glaubten ausgesucht zu haben. So geht es uns natürlich auch heute wieder, es ist schmackhaft, aber nicht das erwartete. Der Abend hier im *„The Steam Packet Inn"* war urgemütlich und wir haben lange nicht so viel gelacht wie heute, wobei sich der Alkohol sehr sprachfördernd auf die Konversation ausgewirkt hat. Im täglichen Leben fehlt uns dazu eben einfach die nötige Lockerheit. Bei David und Christine, ihr begegnen wir jetzt zum ersten Mal, trinken wir im Wintergarten noch ein Glas Rotwein und berichten beiden über die ersten Tageseindrücke, die wir von **Totnes** gesammelt haben. Sie erzählen uns noch Interessantes über Ort und Umgebung und auch, dass die weithin hörbare Musik aus der großen Kirche von nebenan kommt, die wir vor unserer Zimmertür direkt im Blick haben. Vor Jahren hat ein Brand den Dachstuhl und das Innenleben zerstört und da die Kirche nicht wieder zu klerikalen Zwecken genutzt werden sollte, hat die Stadt sie mit einfachen Mitteln als Konzerthalle herrichten lassen. Jetzt musiziert nun hier die junge Szene mit moderner Musik, und das hauptsächlich an den Wochenenden. Was bisher so von der Ferne zu uns herüber schallt, stört unser musikalisches Empfinden in keiner Weise, aber andere Gäste haben daran wohl schon Anstoß genommen. Nun noch etwas zu der Dame des Hauses, zu Christine. Das Ambiente im ganzen Anwesen ist tatsächlich ein Spiegelbild ihrer Persönlichkeit, genau, wie ich es vermutet habe. Mit künstlerischem Gespür und sehr

56

phantasievoll hat sie alles Stück für Stück über Jahre zum Teil auf Flohmärkten oder aus Kunstwerkstätten zusammengetragen und in dem historischen Haus eine lockere Verbindung zwischen alten und modernen Gegenständen geschaffen. Sie selbst ist so um die 50 Jahre alt und uns sehr sympathisch, auch wenn sie für mich leider noch etwas zu schnell spricht. Mit ein paar Empfehlungen für unsere morgige Tagesplanung ziehen sich die Gastgeber diskret zurück. Obwohl das Haus voll belegt sein muss, denn Autos stehen eine ganze Reihe auf dem Parkstreifen, haben wir bisher kaum andere Gäste gesehen oder gehört.

12. Tag

Die erste Nacht in unserem „Gartenpalais" haben wir gut geschlafen, auch wenn es ein ständiges Hin- und Herziehen an der gemeinsamen Bettdecke gegeben hat. Aber aller Kampf ist vergessen, jetzt, wo uns die Sonne einen so wunderschönen Blick in den romantischen Garten, mit der Kirche im Hintergrund, zaubert. Geschäftstüchtige Hoteliers könnten daraus eine Werbeempfehlung für Hochzeitsreisende entwickeln! Etwas knapp allerdings ist der Platz im Bad ausgefallen. Um uns vor dem Waschbecken bewegen

57

zu können und vor allem mein langes Haar zu kämmen, müssen wir die Türen zum Schlafraum öffnen, die Dusche ist auch so eng bemessen, dass sie der Anlass für eine Diät sein könnte. In Erwartung strenger englischer Geflogenheiten, gehen wir ins Haupthaus zum *Breakfast*, doch weder still noch steif wird sich hier bewegt. Für Heiterkeit sorgt eine Großfamilien, die mit ihrem Tisch fast die eine Längsseite des Frühstücksraums einnimmt. An dem uns zugewiesenen Tisch sitzt noch ein Paar aus Holland, nebenan, das müssen Dänen sein und ein 8 - Personentisch ist mit einer Gruppe stilechter Engländer unseres Alters besetzt. Ein junges Pärchen aber hat es wohl lieber vorgezogen, im angrenzenden Wintergarten ihr Müsli zu essen. Es gibt eine reichhaltige Karte mit warmen Speisen, die David zusammen mit einer Küchenhilfe bereitet, Christine – ganz Chefin – bedient charmant die Gäste. Volkmar, der sich gleich auf *ham and scrambled eggs* eingeschossen hat, ist besser bedient, als ich mit dem sehr spärlichem Kontinentalfrühstück in Selbstbedienung. Die Berge fetter Speisen, die auch hier aus der Küche wandern, haben mich spontan von einer Bestellung abgehalten. Heute studiere ich zunächst erst einmal die Speisekarte und morgen schlage ich echt englisch zu, aber *low fat*!

Schon am Morgen ist es sehr warm und zunehmend steigt die Luftfeuchte an. Das Klima und die Vegetation in Cornwall, sowie auch hier in der Grafschaft Devon, wo wir uns etwa seit der Gegend um Plymouth befinden, wird stark vom Golfstrom beeinflusst. Diese warme Meeresströmung, die ihren Anfang im Golf von Mexiko nimmt und sich über den Atlantik durch kräftige Westwinde nach Osten ausbreitet, sorgt hier an der südenglischen Küste und auf den Kanalinseln für fast subtropische Sommer und sehr milde Winter. Die Temperatur sinkt selten unter 10° C ab. Das ist wohl auch das Geheimnis der vielen wunderbaren Gärten im Süden Englands, oder

58

des üppigen Grüns sogar auf den rauen Klippenrändern. Was mich aber als heimatlichen Kübelgärtner direkt neidisch werden lässt ist, dass hier überall Palmen und andere exotische Gewächse direkt ins Erdreich verpflanzt werden können. Heute wollen wir uns **Exeter** ansehen. Das ist die Hauptstadt von Devon, dem flächenmäßig größten Landstrich Südenglands. Der schiffbare *River* Exe hatte schon im Jahre 55 unserer Zeitrechnung die Römer veranlasst, hier ein Verwaltungszentrum zu errichten, was sie mit 5000 Legionären absicherten. Reste des alten Römerlagers, sowie die axiale Ausrichtung der heutigen Stadt, bezeugen die römische Vergangenheit. Vom Jahre 876 an waren es die Dänen und nach fast 200 Jahren Herrschaft zog dann 1068 Wilhelm der Eroberer als Sieger in **Exeter** ein. Doch vorher schon war **Exeter** zum Bischofsitz erhoben worden und blieb auch bis 1877 der einzige von Cornwall und Devon. Der beherrschende Mittelpunkt der Stadt ist die *St. Peter's Casthedral.* Sie ist im 13. und 14. Jahrhundert als dreischiffige Kathedrale im *Decorated Style*, also dem Stil der englischen Hochgotik, errichtet worden. Mehrere sakrale Bauten, sogar ein Kloster, so um 690 errichtet, mussten dem Neuen Bischofssitz weichen. Wenn man von der Westfassade her das Gebäude betritt, durchschreitet man an der Eingangsfront die in drei Etagen aufgegliederten Skulpturenreihen, feinster gotischer Steinmetzkunst und eine herrliche Rosette. Die ganze Außenfassade ist aus hellem Sandstein und in wohltuender Schlichtheit gestaltet, die sich dann auch im Innenraum fortsetzt. Das filigrane Rippengewölbe mit einmalig verzierten Schlusssteinen, überspannt das ganze Mittelschiff und ist mit 105 Metern das längste gotische Gewölbe der Welt. Als wir die Kirche betreten, glauben wir unseren Ohren nicht zu trauen, werden wir doch mit der Deutschen Nationalhymne begrüßt! Es ist gerade Mittagsandacht mit Gesang der Chorknaben. Von einem der Stewards, wie sich die freiwillig Aufsicht führenden und Auskunft gebenden Damen und Herren mit roter Schärpe nennen, erhalten wir eine Erklärung zu dieser Musik. Es ist zwar die Melodie von Joseph Haydn, die auch unserer Nationalhymne zugrunde liegt, der hier aber gesungene Text ist der Hymnus Nummer 362 von John Newton aus dem Anglikanischen Gesangbuch. Wir lauschen dem Gesang noch bis zum Ende, verschieben aber unsere weitere Besichtigung der Kirche bis nach dem Gottesdienst. So durchstreifen wir inzwischen die Innenstadt und finden reichlich Spuren der mittelalterlichen Blütezeit. Mit *Clarence Hotel* und der *Guildhall* von 1330 sehen wir gleich zwei der ältesten Gebäude Englands. In unmittelbarer Nachbarschaft ist das *Ship Inn,* wo schon im 16. Jahrhundert Sir Francis Drake, der königliche Seeräuber und Weltumsegler vor Anker ging. Man sagt ihm nach, dass er lieber hier gezecht hat, als auf seinem Schiff zu sein. Auch Charles Dickens trank hier sein *Pint of beer.* Ein wahrer Augenschmaus ist auch das über 400 alte Jahre „*Mol's Coffee House*" und das in mehrfacher Hinsicht. Es ist hervorragend restauriert, über die Domfreiheit hin hat man die ganze Kathedrale im Blick und wenn das Wetter mitspielt wie heute, können Tee oder Kaffee im Freien eingenommen werden. Linksseitig wird das Haus noch von einer ganz kleinen Kirche im Tudorstil begrenzt, die aus dem rotem Sandstein gebaut ist, wie man ihn hier an der Südküste findet. Aber bedauerlicherweise gibt es im Kathedralviertel (*The Close*) auch schlechte Beispiele für die Denkmalpflege. Lückenbauten aus den frühen sechziger- und siebziger Jahren sollten schnell die Kriegsschäden beseitigen, die der große Luftangriff der Deutschen Wehrmacht am 5. Mai 1942 in der Altstadt angerichtet hatte. Triumphierend war damals die Erfolgsmeldung im Reichsrundfunk zu hören, dass es gelungen sei, das „Juwel Exeter" zu zerstören,

Exeter

wovon auch die Kathedrale schwer mit betroffen war. Übrigens war das eine völlig unsinnige Attacke, denn die Schlacht gegen Englands *Royal Air Force* war längst verloren. Solche sinnlose Kampfhandlungen gipfelten auf allen kriegsführenden Seiten immer schon mit der unwiederbringlichen Vernichtung einmaliger Kulturgüter. Kurz vor Ende des Zweiten Weltkrieges, noch im Februar 1945, musste auch Deutschland erleben, wie eine ihrer schönsten Städte, das barocke Dresden, durch Bombardements der Engländer und Amerikaner dem Erdboden gleichgemacht wurde. Zurück aber zu **Exeter,** hier sind auch vom Krieg verschont gebliebene historische Bauten, wie das ehemalige Armenviertel, das *West Quarter,* aus dem Stadtbild verschwunden. Die zweite Zerstörungsaktion, nämlich die mit der Abrissbirne, bereitete den Sanierern den Boden zur freien Gestaltung. Die Absicht, der Stadt ein modernes und touristisch interessantes Gepräge zu geben, ist den Stadtplanern zwar mit Einkaufsstraßen und Märkten, auch mit ausreichend Parkmöglichkeiten gelungen, aber zu welchem Preis! Obwohl heute Sonntag ist, sind fast alle Geschäfte geöffnet und wir finden in der oberen Etage eines Warenhauses die perfekte Lokalität für den kleinen Hunger zwischendurch, dazu noch mit bester Aussicht zur Kathedrale herüber. Nach unserer Mittagspause gehen wir noch einmal in die Kirche zurück, um den Rundgang in Ruhe wieder aufzunehmen. Die Vielfalt der Krag- und Schlusssteine an den Gewölberippen können wir uns jetzt genauer ansehen. Da gibt es zum Beispiel die Galerie der Spielleute mit mittelalterlichen Instrumenten. Nur einer der abgebildeten Mönche spielt kein Instrument. Es ist der Akrobat, der das einzige der Jungfrau Maria darbietet, was er wirklich kann, er steht Kopf auf einem anderen Musiker. Die Sitzstützen am Chorgestühl sind phantasievolle Schnitzereien, so um 1260 entstanden und somit sind es die ältesten Englands. Daneben steht der 1316 gefertigte 18 Meter hohe Bischofsthron, gearbeitet ohne einen einzigen Nagel. Er wird nur durch Holzzapfen und Nuten zusammengehalten. Den Zeiten Weltkrieg überstand er, weil er auseinandergenommen, sicher verwahrt war. Der Lettner mit Szenen aus dem Alten und Neuen Testament trennt mit goldenen Toren das Hauptschiff vom Chor, darüber steht mitten im Raum das 1665 eingebaute Orgelgehäuse. Die Orgelpfeifen, die dazu betätigt werden, stehen an der Wand einer Seitenkapelle, sehen aus wie Edelstahlschornsteine mit einem enormen Durchmesser und bestimmt einer Höhe von 20 Metern. Erwähnenswert ist noch die astronomische Uhr aus dem 15. Jahrhundert. Aller 24 Stunden umkreist die Sonne in Form einer Lilie die Erde, die als goldener Ball in der Mitte liegt. Dazwischen steht der Mond und dreht sich einmal im Monat um sich selbst. Das Minutenzifferblatt wurde erst 1760 hinzugefügt. Nach dem Verlassen der *St. Peter's Cathedral* werfen wir noch einen Blick auf die mit Rundbögen und Aufsätzen versehenen Türme, die als einzige Relikte aus der normannischen Zeit stammen. Sie scheinen von außen gesehen das Langhaus zu halbieren, innen, als Querschiff angelegt, wirken sie wie Seitenkapellen und stören die einmalige monomentale Rippenornamentik in keiner Weise. Wir besuchen nun noch die Hafenanlagen am *River* Exe. *Old Quayside* wird die alte Hafenmeile genannt. Mit umgebauten Lagerhäusern, dem denkmalgeschützten *Customs House,* was von 1681 bis 1989 das Zollhaus war, den Pubs und einem Marinemuseum bildet diese urige Uferzone einen beliebten Treff für Einheimische und Gäste jeden Alters. Zum Wochenende ist heute hier Volksfeststimmung angesagt. Eine *Old Time Jazzband* spielt *Dixieland,* wozu alt und jung ausgelassen am *Quay* tanzen. Familien fahren mit Tret- oder Ruderbooten auf dem Fluss oder gönnen sich wie wir, ein Eis im

Freiluftcafé vor dem *Prospect Inn*. Für einen kleinen Obolus kann man den Fährmann herüberrufen vom anderen Ufer, ob er das allerdings bei diesem Lärm heute hören wird, zweifle ich an. Auf der Rückfahrt von **Exeter** nach **Totnes** legen wir einen Zwischenhalt in **Torquay** ein. Einst war es ein mondänes Seebad mit Bäderarchitektur, wie sie viktorianischer nicht sein könnte. Aber auch in der Jetztzeit spürt man den Charme des Besonderen. Subtropisches Klima sorgt für palmengesäumte Uferpromenaden und üppige Blütenpflanzen. Schon deshalb nennt man diesen Küstenabschnitt die Englische Riviera. Die Badestände erreicht man abwärts über serpentinartig angelegte Treppen, von der mit Hotels dicht bebauten Küstenstrasse. Eingelassene Sitzecken, auf unterschiedlichen Höhenlagen, bieten einen atemberaubenden Blick über die roten Sandsteinklippen, das blaue Meer, die grünen Hügel und die mediterranen Pflanzen. In der Ferne sehen wir ein großes Landhaus liegen. Es ist das Geburtshaus der wohl beliebtesten Kriminalschriftstellerin der Welt, Agatha Christie, die von 1890 – 1976 gelebt hat. Viele Romane mit den bekannten Buchfiguren wie Miss Marple oder Hercule Poirot sind von dieser Umgebung und der Eleganz der Seebadatmosphäre inspiriert. Heute verbringen in **Torquay** hauptsächlich Sprachschüler oder jüngere Gäste hier ihre Ferien. Ältere gutbetuchte Briten überwintern gern in dieser wärmeren Region oder sie lassen sich für ihren Lebensabend ganz hier nieder. Bei Sonne und Wärme haben wir diesen Tag auch so richtig genießen können. Auf der Küstenstraße fahren wir noch ein Stück, doch auch diesmal ist die Randbepflanzung so hoch, dass wir nicht immer den schönen Blick zum Meer offen haben. In **Paignton** biegen wir dann ab, um nach 13 Kilometer landeinwärts wieder in **Totnes** zu landen.

13.Tag

Jeden Morgen verkündet David zum Frühstück die Wetterprognosen, die er aus dem Fernsehen am Vorabend entnommen hat. Für heute klingen die Aussichten noch herrlich, aber das Wetter soll sich nicht mehr lange so halten. Dann kommt auch noch die Schauermeldung: 10° C Temperatursturz sind zu erwarten für die nächsten Tage! Da gibt es für uns nur eins, gleich heute geht es auf die *Round Robin - Circular Tour,* für die wir unbedingt schönes Wetter brauchen. Das ist eine Kombinationsroute mit Schiff, Fähre, Zug und Bus von **Totnes** nach **Dartmouth** und wieder zurück nach **Totnes.** Wir beginnen diese Rundfahrt zwar am Hafen von **Totnes,** besteigen aber zuerst den Bus. Die Reise wird in umgekehrter Reihenfolge ablaufen, weil auch die Schiffbarkeit des *River* Dart von den Gezeiten abhängt und zur Zeit ist hier Ebbe. So geht es also mit dem Doppelstockbus zuerst nach **Paignton.** Natürlich sitzen wir auf der oberen Ebene in Gottes freier Natur, auch wenn der Fahrtwind uns und unseren Sonnenhüten ganz schön zu schaffen macht. Dafür genießen wir die Fahrt aus beträchtlicher Höhe über die Landschaft, die uns aus dem Auto längst nicht so übersichtlich geboten würde. Die mit Hecken abgeteilten saftig grünen Weiden sehen von weitem aus wie Karostoff, auf dem die vielen Schafe ein weißes Punktmuster bilden. Die aus Kleinasien stammende langwollige Schafrasse prägt bis auf den heutigen Tag die englische Landschaft, nur ist sie nicht mehr ein Hauptfaktor für Wohlstand und Wirtschaftswachstum. Die typische Heckenlandschaft wird es sicher noch ewig geben. Ihre historische

Prägung als Einfriedung von Flurstücken oder Anwesen hat tausendjährige Tradition. Es gibt sogar einen ganz speziellen Zweig der Archäologie, der darüber forscht. Zwischen den Steinwällen und Hecken hat sich auch eine sehr artenreiche Fauna entwickelt, besonders oft vertreten ist der Igel, der hier *hedgehog* heißt, was übersetzt lustigerweise Heckenschwein bedeutet. Inzwischen sind wir am Bahnhof von **Paignton** ausgestiegen und haben jetzt 1 ½ Stunden Zeit hier für einen Strandbummel. Wir spüren gleich, dass es ein Badeort mit weniger glanzvoller Vergangenheit ist, als zum Beispiel der Nachbarort **Torquay**. Die Uferstrasse ist gesäumt von riesigen Hotels aus dem 19. und 20. Jahrhundert, alles Gebäude, die ziemlich heruntergekommen wirken. Man sieht hier fast nur Pensionäre, sicher alles Leute, die in der Pracht von einst noch gern und günstig die kühlere Jahreszeit verbringen. In der Haupturlaubszeit ist aber jedes Zimmer ausgebucht, auch wenn es noch so schlicht ist, denn bekanntlich zieht es die englischen Familien in den Ferien ans Meer. Zur Zeit der Ebbe liegt vor uns ein breiter roter Sandstrand, der uns ein Stück zum Barfussgehen verlockt. Die roten Felsenklippen der Englischen Riviera setzen sich auch hier in **Paignton** fort, wirken aber wenn die Flut kommt sicher nicht mehr so gewaltig. Es bleibt uns gerade noch Zeit für einen Tee im Strandcafé und schon geht es zurück zum Bahnhof, wo der historische Zug nach **Kingswear** auf dem Gleis zur Abfahrt bereit steht. Die alte Dampflok mit der Nummer 4555 macht ihrem Namen alle Ehre, denn sie pufft und qualmt so kräftig, dass wir nicht gleich auf Anhieb den Waggon finden, in den wir unbedingt einsteigen wollen. Für einen Aufpreis kann man nämlich in den drehbaren Plüschsesseln des uralten Pulmann - Salonwagen sitzen und sich vorkommen, wie die bekannten Detektivfiguren aus Agatha Christie's Büchern. Der Zug fährt ganz langsam, dabei den ersten

Teil der Strecke direkt am Strand entlang, was bei dem herrlichen Sonnenschein heute ein besonders Vergnügen ist. Kleine bunte Badehäuschen, die man mieten kann, stehen in langer Reihe am Ufer. Sie sind auch ein Überbleibsel der „Guten alten Zeit". Die erste Haltestation auf dem *Steam Railway* ist der Bahnhof von **Churston,** wo auf dem Nebengleis noch einmal eine solche altertümliche Lokomotive steht, wie sie auch unsere Waggons zieht. Bei diesem Anblick hüpft sicher das Herz so manches Eisenbahnliebhabers! Den Bahnhofseingang zieren rechts und links der Tür vollgepackte Sackkarren mit alten Überseekoffern und Körben, im Stile von Miss Marples Reisegepäck. Nostalgische Feuerlöscheimer machen die Inszenierung perfekt. Endstation für die gut halbstündige Zugfahrt ist das 11 Kilometer entfernte **Kingswear.** Jetzt geht die Reise mit einer Fähre weiter. Zehn Minuten braucht der Fährmann, um uns über die breite Dartmündung nach **Dartmouth** über zu setzen. Für die Besichtigung der wohl schönsten Hafenstadt Devons haben wir bis 16.30 Uhr Zeit, dann geht es mit dem Schiff den Dart aufwärts nach **Totnes.** Wie immer ist unser erster Weg zur Touristeninformation, wo wir uns einige Anregungen für eine effektive Besichtigung holen, denn 1 ½ Stunden sind schnell vorbei und ein kleiner Imbiss muss auch noch dazwischen passen. Solche alten Hafenstädte haben ein unbeschreibliches Flair. Da verwundertes es einen auch nicht, dass sie immer wieder die Kulisse bilden für Historien- oder Liebesfilme. So wandeln wir auch hier ganz gelassen auf den Spuren der Rosamunde - Pilcher- Verfilmungen, die das Zweite Deutsche Fernsehen an diesen Schauplätzen gedreht hat. Die Pilcher selbst bewohnte hier ein stattliches Haus in den Berghängen oberhalb des *River* Dart, wo heute noch ihre Tochter lebt.

Die Altstadt beginnt direkt am Hafenbecken und ist eigentlich auf einem Teil des zugeschütteten Flussbettes erbaut. Das älteste noch erhaltene Haus gehörte früher dem vierzehnmal wiedergewählten Bürgermeister aus dem 14. Jahrhundert. Als Wohn- und Geschäftshaus, direkt am Hafen gelegen, konnte er hier gleich bequem seine Segelschiffe be- und entladen lassen. Die engen Strassen sind heute fast alle nur noch Fußgängerzonen mit den wunderschönen mittelalterlichen Häusern, mit ihren typischen vorgezogenen Obergeschossen. Das malerischste Ensemble aber ist eine Häuserzeile aus dem 17. Jahrhundert, die sich „The Butterwalk" nennt. Die mit allerlei skurrilen Schnitzwerk reich verzierte Fassade des ersten Stockwerks ruht auf Granitsäulen. Unter den Arkaden verkauften früher Bauern der Umgebung und die Fischer ihre Produkte, geschützt vor jeglichen Wetterunbilden. Außer einigen, im alten Stil weitergeführten Pubs, aus der ruhmreichen Vergangenheit der Segelschifffahrt, sind es jetzt hauptsächlich Künstler, Galeriebetreiber und Floristen, die sich in den schmalen Häuser eingemietet haben. Direkt am Kai gelegen, befindet sich der „Royal Avenue Garden". Das zwischen 1660 – 1680 aus verschlammten Ufergebiet zurückgewonnene Land, wurde in der viktorianischen Zeit zum Park umgestaltet und bekam einen Musikpavillon, ganz im Stil der Zeit, aus Eisengusselementen. Die gepflegte Grünanlage mit interessanten alten Bäumen und Palmen bietet entspanntes Ausruhen, aber gleichzeitig auch kurzweiliges Warten auf die Ausflugsschiffe und die Fähre von **Kingswear**. Im Schatten der Bäume oder neben farbenfrohen Blumenbeeten findet man reichlich Sitzecken mit Teakholzgestühl. Bis zum Ablegen des

Flussschiffs *Dart Explorer,* das uns zurück nach **Totnes** bringt, genießen wir auch noch etwas diese „Sonnenseite des Lebens". Der Fluss, der an der Ortslage zu einem natürlichen Hafenbecken ausgeweitet ist, wird vor seiner Mündung zum Meer hin wieder enger. An dieser strategisch günstigen Stelle wurde im 15. Jahrhundert von den Normannen das *Dartmouth Castle* errichtet, doch soll es auch hier schon einen Ursprungsbau im 6. Jahrhundert gegeben haben. Solche Bollwerke waren zur Sicherung und zur Kontrolle der Häfen damals von weitreichender Bedeutung. Immer schon hatte Dartmouth einen wichtigen Seehafen: Richard Löwenherz brach 1190 von hier aus mit seiner Schiffsbesatzung auf, um am Kreuzzug ins Heilige Land teilzunehmen. 1347 wurde im Hafen für die Belagerung von Calais die englische Flotte zusammengestellt. Ebenso trafen sich hier Schiffe, um in den Kampf gegen die Spanische Armada auszulaufen. Im Zweiten Weltkrieg waren es 400 amerikanische Schiffe, die hier in Vorbereitung der kriegerischer Invasion in der Normandie vor Anker gingen. Da wundert es nicht, dass bei soviel Erfahrung mit der Kriegsmarine, diese Vergangenheit auch heute noch zu Ausbildungszwecken genutzt wird. Am Berghang , oberhalb der Stadt, liegt weithin sichtbar, das *„Royal Navel College",* wo seit 1905 Marineoffiziere ausgebildet werden, traditionell auch immer die männlichen Nachkommen der Königsfamilie. Gerade jetzt absolviert der jüngste Spross aus dem Hause Windsor, Prinz Harry, hier seinen Dienst.

Wir haben nun den letzten Teil unserer heutigen Rundreise begonnen, die Fahrt auf dem *River Boot.* Es geht also den Dart aufwärts, durch eine der schönsten englischen Flusslandschaften überhaupt, so haben es uns schon unsere Gastgeber vorgeschwärmt und wir können es nur bestätigen. Zuerst ist der Fluss noch breit wie

68

ein See, die Ufer mit überhängenden Bäumen, Gesträuch und Schilfgräsern sind ein Paradies für Reiher, wilde Schwäne und viele Wildentenarten, auch solche, wie wir sie noch nie gesehen haben. Durch den ständigen Wechsel der Gezeiten versanden die Ufer, es heben sich kleine Inselchen aus dem Wasser heraus und der Fluss wird immer schmaler. Fast lautlos gleiten wir durch das Naturschutzgebiet. Allmählich wird die Luft kühler, die flache Sonne steht gerade noch so über den bewaldeten Hügeln, die rechts und links landeinwärts immer mehr an Höhe zunehmen. Um diese Tageszeit kann man schon wieder gut eine leichte Jacke vertragen. Nach einer Fahrzeit von 1 1/4 Stunde legt unser Schiff am *Steamer Quay* in **Totnes** an, von wo aus wir auch heute morgen schon die Fahrt mit dem Bus begonnen haben. Einmal noch fährt jetzt der *Dart Explorer* zurück nach **Dartmouth,** dann ist Niedrigwasser und bei einem Gezeitenwechsel von 12 Stunden 25 Minuten gibt es für die Schifffahrt eine lange Zwangspause. Das war heute ein Tag, wie er schöner nicht sein konnte. Für 12.50 Pounds pro Person und kostenlosem Sonnenschein war diese so geruhsame Reise, ohne Parkplatzgebühren, eine richtig guter Vorschlag von Christine. Das Abendessen nehmen wir wieder am Dartufer im "The Steam Packet Inn" ein. Was es erwähnenswert macht, ist dabei eigentlich nur die Tatsache, dass unsere Bestellung von der Küche ganz nach Wunsch erfüllt wird, was wohl doch schon für Vokabelfortschritte spricht!

14.Tag

Heute wollen wir uns auf die Spuren der berühmten, wenn auch fiktiven Personen, Sherlock Holmes und Doktor Watson begeben. Ihr literarischer Erfinder, so wie der weiterer bekannter Kriminalfiguren, ist der Schriftsteller Sir Arthur Conan Doyle. Angeregt durch seine Aufenthalte im Dartmoor und die Legenden, die man sich hier seit dem 17. Jahrhundert erzählt, fand er den Stoff für seine schaurig - schönen Erzählungen. Sein berühmtester Roman ist unbestritten „The Hound Of The Baskervilles", dessen grausames Bellen und Heulen noch immer in den mondlosen Nächten über die Moorlandschaft hin zu hören sein soll. Als der Verfasser 1930 stirbt, war er längst mit seinen Geschichten unsterblich geworden. Was ist aber nun eigentlich das Dartmoor? Es ist ein fast kreisrundes, 900 Quadratkilometer umfassendes Hochmoor auf einem Granitplateau, mit einzelnen herausragenden kahlen Steinbuckeln, den Tors. Ausgewaschen und so sonderbar geformt, wie bei uns in Deutschland die Felsengebilde der Sächsischen Schweiz, haben alle im Laufe der Zeit Namen erhalten. Die höchste Erhebung des Dartmoors misst 622 Meter. Eine dicke Torfauflage auf den Steinflächen hat die Eigenschaft eines Schwamms und saugt Wasser von vielen kleinen Quellen und Flüssen, die hier entspringen, auf. Seinen Namen hat das Moor von den zwei Ursprungsquellen des River Dart, die sich im Ort **Dartmeet** dann vereinigen. Über 200 Tage im Jahr regnet es bei starken Winden und großen Temperaturunterschieden. Wenn Nebelschleier und tiefhängende Regenwolken über Hügel und kahle Heide jagen, sorgen sie oft für

70

Dartmoor

düstere Gemütsstimmung. So entstand auch der Ruf, das Land von Legenden und Gruselgeschichten zu sein. Wir können uns diese Situation gar nicht so richtig vorstellen, denn heute ist wohl einer der wenigen Sonnentage des Jahres hier im Dartmoor. Von **Totnes** kommend, fahren wir ein Stück auf der A 38, Richtung **Exeter** und biegen dann links nach **Bovey Tracey** ab, durchfahren noch den Ort und stellen das Auto auf einem großen Parkplatz ab. Die ganze Region des Dartmoors steht unter Nationalparkverwaltung, die hier auch einen der Informationspunkte eingerichtet hat. Im Gegensatz zu den Nationalparks Amerikas, ist Dartmoor bewohnt und befindet sich in privatem - oder staatlichem Besitz. Vereinzelt trifft man auf reetgedeckte Bauerngehöfte oder kleine Ortschaften, wovon viele ihren Ursprung bereits im Mittelalter haben. Schon Doyle lässt durch seinen Romanhelden Doktor Watson sagen, dass man bei Betreten des Moors alle Spuren des modernen Englands hinter sich lässt. Wandernd wollen wir uns nun einen eigenen Einblick davon verschaffen. Auf dem Weg zum *Haytor*, einem der freistehenden und weithin sichtbaren Granitbuckel, begegnen wir einigen kleinen Touristengruppen, aber auch Rucksackurlauber sind unterwegs. Bei dem klaren Wetter heute, sind nicht nur die getretenen Wege gut zu finden, wir bekommen sogar die friedlich grasenden und gar nicht so scheuen kleinwüchsigen Wildpferde hautnah zum Fotografieren vor die Linse. Am *Haytor* findet gerade ein Kletterkurs statt. Fast senkrecht sind die Wände und ohne große Vorsprünge zum Anfassen. Selbst die angeseilten Sportler sind zögerlich in ihren Bewegungen. Der Lohn aber ist dann von oben sicher heute ein traumhafter Blick über das ganze Dartmoor. In der jetzigen Vegetationszeit dominiert hauptsächlich das Grün, es fehlt der Blumenteppich, der im Frühjahr mit Frühlingsblüten und dann im August mit dem blühenden Heidekraut die Hügel überzieht.

71

Unser weiterer Weg führt uns über Flächen mit Farnen und moosbewachsenen Steinplatten. An den Rändern von Tümpeln wachsen Sumpfgräser, die weiße flauschige Blütenkolben tragen. Im Steinbruch *Haytor Quarry* treffen wir dann auch auf die Reste einer alten Industrieanlage, die nur noch als schmückendes Beiwerk erhalten wird. Sicher wurde hier auch Zinn abgebaut, später Stein gebrochen und Torf gestochen. Heute sind die Gruben mit Wasser vollgelaufen und es blühen darauf Seerosen. Langsam wandern wir zum Parkplatz zurück, um noch am nördlichen Rand des Dartmoors bei **Okehampton,** einen Autostopp einzulegen. Einige enge Strassen, eher bloß Wege, dürfen sogar mit dem Auto befahren werden, sind aber schlecht ausgeschildert und nur wenig breiter als das Auto selbst. Früher führte hier die Packpferderoute von **Plymouth** nach **Moretonhamstead** entlang. Eigentlich wollten wir uns das aus 24 Rundhütten bestehende bronzezeitliche Dorf bei **Manaton** am nordöstlichen Rand vom Dartmoor ansehen, was wir aber leider in dieser gottverlassenen Ecke nicht gefunden haben. Viele prähistorische Steinkreise und Hügelgräber gibt es hier in dieser Gegend, mehr, als sonst irgendwo in Europa. Sie weisen auf eine schon über 5000 jährige Besiedlung hin. Gefunden haben wir glücklicherweise gleich den Weg nach **Postbridge**, wo wir auf der *Clapper Bridge* den noch „jungen" Dart überqueren. Das natürlich zu Fuß und voller Ehrfurcht. Übereinandergestapelte Findlinge bilden das Auflager für große flache Steinplatten – eine unglaubliche Leistung, die bereits in die Bronzezeit datiert wird. Es soll die älteste Steinbrücke der Welt überhaupt sein und kann heute noch benutzt werden, nur dass es keine Pferdefuhrwerke mehr sind, die sie passieren. Wer ein Narr alter Brücken ist, wie ich, der kommt in diesem Landstrich aus dem Staunen gar nicht heraus. In **Two Bridges,** einem Ort, der nur aus wenigen Anwesen besteht, aber

72

ein romantisches Hotel hat, überqueren wir die alten Brücken sogar mit dem Auto. Das höchstgelegene Dorf dieser Gegend ist **Princetown,** berühmt – berüchtigt durch den 1806 vom Prinzregenten und späteren König Georg IV. errichteten riesigen Gefängniskomplex. Die ersten Häftlinge waren französische Gefangene aus dem Krieg gegen Napoleon, die hier das Moor trockenlegen sollten, was übrigens nicht gelang. Ab 1850 wurden im *Dartmoor Prison* dann Schwerverbrecher untergebracht. Die Wächter wohnten in Häusern rings um die Gefängnismauern und so entstand nach und nach ein ganzer Ort in der Einöde. Manchmal waren bis zu 9000 Straftäter gleichzeitig eingesperrt. Entsprechend menschenunwürdig waren dann auch die Verhältnisse dort, was immer wieder zu Fluchtversuchen führte. Suchtrupps mit Bluthunden hetzten die Flüchtigen bis zur Erschöpfung durchs Moor. Und schon erinnert uns das wieder an die Erzählungen von Sir Arthur Conan Doyle, der vom *„Old Duchy Hotel"* in **Princetown** aus, seine Literaturstudien betrieb. Genau 200 Jahre nach der Eröffnung der Haftanstalt, sitzen hier heute 500 Lebenslängliche ein. Zwar gibt es sicher keine Ausbrüche mehr, dafür aber kam es 1989 zu einer Gefängnisrevolte, in deren Verlauf die Insassen tagelang auf dem Dach ihres Zellentraktes ausharrten und dann Feuer legten. Ein Teil des Naturschutzgebietes ist vom Verteidigungsministerium zur militärischen Gefahrenzone erklärt und es gibt festgelegte Zeiten, wo mit scharfer Munition geschossen wird. Die restliche Zeit des Jahres ist der Zugang für die Öffentlichkeit möglich. Wir umfahren das Gebiet, um nach **Okehampton** zu gelangen. Die kleine beschauliche Stadt ist besonders in den Sommermonaten ein gern besuchter Ort. Im Zentrum, gleich neben der Kirche, gibt es eine Hofanlage, die für Kunst -und Kunsthandwerksausstellungen einheimischer Künstler genutzt wird, wo es Boutiquen und Verkaufsgalerien gibt, aber auch *Workshops* sowie Theateraufführungen stattfinden. Unser Ziel ist allerdings nicht der Ort, sondern das *Okehampton Castle*. Es ist nur noch eine Ruine, deren älteste Teile aus normannischer Zeit stammen. Zunächst als Befestigungsanlage auf den Hügeln am Rand des Dartmoors errichtet, kamen in der Folgezeit eine Kapelle, Priesterwohnungen, das Torhaus und im 14. Jahrhundert eine große Halle hinzu. Aber aufgepasst, denn hier geschehen, laut Prospekt noch ganz ungeheuerliche Dinge. Da spukt zum Beispiel noch der Geist der alten Lady Howard durchs historische Gemäuer. Diese Dame gehörte zu einer der mächtigsten Familien Devons. Vor dem Verfall war es einmal das größte *Castle* in ganzen Grafschaft. **Okehampton** findet sogar Erwähnung im *Domesday Book*. Das ist der Name des großen Reichsgrundbuchs, das auf Veranlassung Wilhelm des Eroberers im Jahre 1086 geschaffen wurde. Selbst heute noch gilt es als zuverlässige Grundlage für die Staatsverwaltung Großbritanniens. Die Bezeichnung *Domesday Book* kam aus dem Angelsächsischen und bedeutete „Tag des jüngsten Gerichts", jetzt hat es aber die Bedeutung von „endgültig". Die von der Nachmittagssonne so golden bestrahlten Ruinen auf moosgrünem Rasen, lassen bei uns auch hier wieder keine mystischen Gedanken aufkommen. Dieses Schloss, umgeben von Waldwegen und Wiesenhängen ist der ideale Ausgangspunkt für Wanderungen und Naturbeobachtungen. Auch die Rückfahrt, die wir noch einmal übers offene Moorland wählen, führt uns durch unvergleichliche Natur. Auf hochliegenden Weideflächen haben Schafe ihr Paradies gefunden. Unbeeinträchtigt von Touristenneugier, noch vom Autoverkehr lassen sie sich aus ihrem Lebensrhythmus bringen. Sie liegen direkt auf den Strassen oder in Kuhlen am Rand.

Castle

Okehampton

Man ist einfach genötigt auszusteigen, um sie zur Seite zu schieben. Ohne Zäune oder Hecken bewegen sie sich völlig frei in der „Letzten Wildnis Europas". Diese Bezeichnung las ich kürzlich in einem Zeitungsartikel, der über das Dartmoor berichtete. Farbige Markierungen am Fell deuten auf unterschiedliche Besitzer hin, denn Herden von Schafen und zotteligen Rindern ziehen gemeinsam grasend über die Hochflächen, oft weit entfernt von den Siedlungen.

Wir „fädeln" uns nun zurück über das Netz der winzigen Strassen, bis wir bei **Ashburton** wieder auf die A 38 treffen. Nach 5 Kilometern in südlicher Richtung fahren wir dann nach **Totnes** ab. Wir haben auf unserer Reise die Feststellung getroffen, dass der Engländer wesentlich weniger festgeschriebene Verkehrszeichen benutzt, als das bei uns der Fall ist. Dafür regelt er die momentane örtliche Situation auf Schildern mit viel Text. Für Sprachanfänger sind diese „literarischen Abhandlungen", noch dazu auf der ungewohnten linken Seite stehend, gar nicht so schnell zu erfassen. Das ist natürlich nicht ungefährlich, denn ehe ich meiner Aufgabe als Beifahrer nachkomme und im Wörterbuch die passenden Übersetzungen gefunden habe, könnte die Kelle des Verkehrspolizisten schon längst zugeschlagen haben. Aber heute ist wieder alles gut gegangen und sichtlich zufrieden mit der Erlebnisfülle des Tagesausflugs, ziehen wir uns in unseren *Gardenroom en Suite* zurück. Nachdem wir gelernt haben, uns räumlich einzuschränken, dabei ist es schon erstaunlich, wie weit man seine gewohnten Bedürfnisse herabschrauben kann, fühlen wir uns vom Charme des alten Anwesens durchaus sehr angezogen. Im grünen Wohnteil vor der Zimmertür erholen wir uns schnell von den Anspannungen, die auch ein Erholungstag mit sich bringen kann. Ein Tee getrunken und alle Lebensgeister sind wieder geweckt!

Wen wundert's da, dass wir schon wieder Lust haben, das Abendessen auswärts einzunehmen. Im Reiseführer als Landgasthof deklariert, entpuppt sich das „Durant Arms", im 3 Kilometer entfernten **Asprington** , als eine feine Adresse, die auch bloß mit Vorbestellung Einlass gewährt. Aber wir haben wieder einmal Glück und werden sehr gastfreundlich an einen für viele Gänge bereits eingedeckten Tisch geleitet. Hier hat alles Stil und ist von englischster Etikette, was die Ausgestaltung der Gasträume und die Bedienung angeht und besonders zu erwähnen, die mit außergewöhnlichen Accessoires dekorierten Toiletten. Das Lokal ist noch ziemlich leer, außer einem jungen Pärchen, sind wir die einzigen Gäste. Doch bald sind alle Tische bis auf den letzten Platz besetzt. Zum Glück ist das Lesen der Speisekarte jetzt keine Hürde für uns und wir genießen nicht nur eine ausgezeichnete *cuisine,* sondern auch genau das, was wir bestellt haben. Etwas haben wir uns von den britischen Geflogenheiten bereits abgesehen, nämlich über den Tag bescheiden zu leben, dafür das abendliche *Dinner* nach allen Regeln der Kunst zu zelebrieren. Da das Wetter wider aller Prognosen Davids wundervoll warm geblieben ist, lassen wir den restlichen Abend stimmungsvoll bei Kerzenschein und Wein in „unserem" Garten ausklingen.

15. Tag

Nur noch ein Tag bleibt uns in **Totnes** und dann ziehen wir wieder weiter. Für heute haben wir keine großen Pläne mehr gemacht, wir bleiben vor Ort. Nach dem Frühstück wandern wir erst einmal geruhsam aufs Geradewohl los. Nach Überqueren des Dart in Richtung Altstadt, liegt rechter Hand, gleich am Ufer, die Stadtmühle aus viktorianischer Zeit. Natürlich ist sie nicht mehr in Betrieb, aber das restaurierte Wasserrad und die alte Maschinerie sind zu sehen sowie eine kleine Ausstellung, die auf Schautafeln über Technologie und Entwicklung der Mühle unterrichtet. Im steinernen Mühlenhaus ist jetzt die Stadtinformation untergebracht, was für uns der eigentliche Grund ist, hierher zu gehen. Wir hoffen einen deutschensprachigen Stadtführer zu erstehen, doch der *Totnes Town Guide 2005* wird leider wieder nicht in Deutsch vertrieben. Egal ob Zufall oder Absicht, unseren Sprachstudien hilft's auf alle Fälle. Für mich ist das Übersetzen aus vorliegendem Text wesentlich leichter, als der *Talk*, was Volkmars stärkere Seite ist. Trotz meiner Bitte: *speak slowly, please*, verstehe ich im Gespräch oft nicht sehr viel oder alles total verkehrt, was dann anhand meiner unpassenden Antworten zu Staunen oder Lachausbrüchen führt. Ein kurzer Blick in den Stadtführer zeigt, dass wir bereits fast alles an Sehenswertem im Ort von uns aus schon erkundet haben. So schlendern wir durch die kleinen malerischen Gassen mit dem Kopfsteinpflaster und dem üppigen Blumenschmuck an den Häusern, der hier in England meistens aus buntbepflanzten, herabhängenden Körben besteht, den *Hanging Baskets*. Früher besaßen viele der kleinen, schmalen

Häuschen im unteren Geschoss sogar noch eine Ladenstube, die jetzt oft Kunsthandwerkern als Atelier dient. Dass man hier im Ort und in der Umgebung soviel Kunstwerkstätten vorfindet, wo Töpfer, Silberschmiede, Kostüm- oder Glasdesigner, aber auch Musiker und die alternative Szene vertreten sind, liegt wohl in der nahen Lage zum *„Dartington College of Art",* im nur 3 Kilometer entfernten Ort **Dartington.** Die Kunstkurse werden jährlich von 400 Studenten besucht. Gegründet wurde das *College* von einer amerikanischen Millionärin, die zu diesem Zweck 1925 ein spätmittelalterliches Herrenhaus mit herrlichem Garten, das *Dartington Hall,* erwarb. Heute wird die Schule von einer Stiftung geführt und ist rund ums Jahr Gastgeber von *Workshops,* Ausstellungen, Vorträgen und vor allem von über 100 Konzerten. Sicher hat sich die junge Musikszene von **Totnes** auch für ihre Konzertkirche hier Inspirationen und die Akteure geholt. Auf unserem Stadtrundgang verweilen wir nun noch etwas an der alles überragenden Kirche St. Mary. Sie ist schon äußerlich ein sehr markantes Gebäude, gebaut aus dem roten Sandstein, wie er nicht weit von hier, an den Klippen von **Torbay** zu finden ist. Sicher ist, dass an dieser Stelle bereits im 11. Jahrhundert eine Andachtsstätte gestanden hat, im Zusammenhang mit der in der Regierungszeit Wilhelm des Eroberers gegründeten Abtei. Doch das heutige Bauwerk stammt aber hauptsächlich aus der Tudor-Zeit. Der spätere Bischof von **Exeter**, Edmund Lacey, hat diese Kirche im 15. Jahrhundert für die Bevölkerung als Gemeindekirche erbauen lassen, während die Kirche des Klosters dahinter für sich separat stand. Eine Tür ermöglichte Prozessionen zwischen den Kirchen. Die Stadtkirche hat zwei Seitenkapellen, wovon die eine vermutlich den Pilgerreisenden auf ihrem mühsamen Weg nach **Santiago de Campostela** als Herberge gedient hat. Wie so viele südwestenglische

Kirchen, hat auch diese eine tonnenförmig gewölbte Eichenholzdecke mit geschnitzten Schlusssteinen und besonders herausgearbeiteten Verzierungen über dem Altarraum. Imposant ist der quer durch die Kirche verlaufende rein gotische Lettner mit filigranem Steinschnitzwerk. Auf eine kleine Kuriosität sind aufmerksam gemacht worden, die sich an der Südwand befindet. Es handelt sich um ein eingeritztes Zifferblatt mit einem Loch in der Mitte. Hier lässt sich ein Stöckchen oder der Finger hinein stecken. Der Schattenfall auf das Zifferblatt gibt dann grob geschätzt die Uhrzeit an. Acht Glocken, 1732 gegossen, rufen heute noch zum Gottesdienst und anschließend geht man nicht gleich auseinander, sondern trifft sich auch hier noch, nach englischer Sitte, zu Tee oder Kaffee. Unsere ausgiebige Besichtigung und ein kurzes Gespräch mit dem Küster haben die Zeit schnell verstreichen lassen, so dass wir uns langsam ein Imbisslokal für die Mittagspause suchen müssen. Vorher kaufen wir noch in einem Geschäft der hier überall in Devon ansässigen Kaufhallenkette *„Somerfield store"* etwas für das Abendessen ein, so brauchen wir heute nicht noch einmal das Haus zu verlassen. Jetzt aber sitzen wir bei schönstem Sonnenschein für ein Stündchen auf der großen Terrasse des Brückenbistros, dem *„Waterside Inn"*. Idyllisch am Ufer des Dart gelegen, treffen sich hier um die Mittagszeit viele Berufstätige, aber auch ältere Engländerinnen zu einem ausgedehnten Plausch. Da stört es überhaupt nicht, dass Ebbezeit ist und die Boote wieder einmal fast auf dem Trocknen liegen. Bei der günstigen Lage, so zwischen Geschäfts - und Altstadt, ist das Lokal auch bei schlechtem Wetter gut besucht, denn es ist innen angenehm modern ausgestaltet, womit ein gelungener Kontrast zu dem alten Steingebäude geschaffen wurde, was früher sicher einmal Brückenzollhaus war oder vielleicht auch eine der vielen Mühlen am Fluss.

Das Angebot an Speisen und Getränken wird mit „exciting" auf der Karte angekündigt, was wohl etwas übertrieben ist. Doch wir sind sehr zufrieden mit dem Ausgewählten, Volkmar mit frischem Fisch und ich habe eine Portion echt *Devonshire Cream Tea* getestet, der sich überhaupt nicht vom echt *Cornish Cream Tea* unterscheidet. Alles ist überaus preiswert, sehr schmackhaft und nett fürs Auge angerichtet. Zum Abschluss unseres letzten Rundgangs durch **Totnes** wandern wir noch durch den Uferpark bis zum Jachthafen und wieder zurück. Große alte Bäume spenden entland der ganzen Promenade angenehmen Schatten. An einer großen alten Linde fallen uns an Zweige angebundene Zettel auf. Es ist ein sogenannter „Baum der Erinnerung", der die Verbindung zu verstorbenen Verwandten, Freunden aber auch zu ehemaligen Kriegsveteranen wach halten soll. Gegenüber unseres *B & B* Hotels befindet sich übrigens ein alter Friedhof mit sehr interessanten Grabsteinen, sogar noch mit den typisch keltischen Motiven. Friedhöfe sind immer ein besonderer Ort der Besinnung und die Grabmale geben oft mehr Einblick in die Geschichte einer Region oder eines Landes, als mancher ausführliche Reiseführer. Was mir aber auf englischen Friedhöfen aufgefallen ist, die Gräber unterliegen hier keinem Pflanz- oder Pflegezwang, werden eher eines Tages von der Natur zurückgenommen, genau wie auch langsam die Grabsteine verwittern. Hier hat noch die Bezeichnung Gottesacker seine ursprüngliche Bedeutung.

Dass heute noch ein fast unerträglich heißer Tag wird, hätten wir am Morgen gar nicht erwartet, zumal David wieder wesentlich schlechteres Wetter vorhergesagt hat. Die letzten Meter zur „Alten Schmiede" gehen schon nur noch schleppend voran, wir sind jetzt einfach pflastermüde und freuen uns darauf, noch einmal den anheimelnden Garten ausgiebig genießen zu können. Bevor wir unser Abendbrot essen, packen wir schnell noch Koffer und Reisetasche zusammen, bis auf die paar Dinge, die noch benötigt werden. Morgen soll es nämlich nicht zu spät losgehen, weil wir für die beiden letzten Nächte an Land noch keine Übernachtungsmöglichkeit haben. An dem wunderbaren Abend sitzen wir noch lange in unserem „grünen Wohnzimmer", umgeben vom dem betörenden Duft der blühenden Sträucher.

16. Tag

Nach dem Frühstück wird uns direkt etwas wehmütig zumute, diese Oase der Harmonie und Ruhe mitten in der Stadt verlassen zu müssen. Da alles schon gepackt ist, setzen wir uns noch zu einem *Talk* mit einem englischen Ehepaar in den Garten. Er sprach uns an, weil ihm auf dem Parkstreifen das Auto mit dem Kennzeichen einer ostdeutschen Stadt aufgefallen war. Zuerst drückt er uns seine Bewunderung aus, dass wir so mutig sind, mit dem eigenen Auto auf dem britische Festland unterwegs zu sein. Wie es scheint, ist das aber nur eine höfliche Vorrede, um mit uns ins

Gespräch zu kommen. Was ihn wirklich interessiert, ist einmal etwas Authentisches über Ostdeutschland zu erfahren, über die Deutsche Einheit, wie wir sie empfinden und was sich in unserem Land alles verändert hat. Überrascht ist er, dass wir schon soviel in den Jahren nach der Wende außerhalb unserer Grenzen unternommen haben. Wir erklären ihm die Lebensumstände in der ehemaligen DDR, wo zwar keiner Hunger leiden mussten, fast alle Arbeit hatten, dass aber Reglement und Unfreiheit, auch der sichtbare Verfall der Wirtschaft und der ruinöse Zustand der Städte und Dörfer, der Preis dafür waren. Dass dadurch eine Unzufriedenheit wuchs, die nicht zuletzt die Angst vor der Zukunft und den Wunsch, sich frei bewegen zu können, beinhaltete. Jetzt, nach der Öffnung der Grenzen, können wir in unserer Altersklasse nicht mehr ewig damit warten, wenn wir noch Land und Leute um uns herum kennen lernen wollen. Das Gespräch verläuft, trotz aller Ernsthaftigkeit in einen recht heiteren Ton. Wir bekommen zum Beispiel einige typisch englische Geflogenheiten erläutert, wobei unsere Gesprächspartner den Urbriten so richtig auf die Schippe nehmen. Zum Schluss nutzen wir die Gelegenheit, ein wenig Werbung für die östliche Kultur- und Naturlandschaft Deutschlands zu betreiben. Als Gegenleistung erhalten wir einen prima Tipp, wo wir für die noch verbleibenden zwei Tage und Nächte einen Halt einlegen können und welche Sehenswürdigkeiten uns dort erwarten. Wir verabschieden uns sehr herzlich, nicht ohne zu bedauern, dass wir uns gern noch öfter mit ihnen unterhalten hätten. Leider ist das Ehepaar, was zu einer kleinen Gruppe ehemaliger Kommilitonen und ihren Frauen gehört, die sich jedes Jahr, um die gleiche Zeit hier im *The Old Forge* für ein paar Tage treffen, erst gestern nachmittag angereist.

82

Nun haben wir es aber plötzlich eilig, denn inzwischen ist es bereits 9:45 Uhr und bis zu dem empfohlenen Ort, sind es 245 Kilometer. Das Thermometer ist bereits auf 21° Celsius geklettert, was wohl einen heißen Tag in Aussicht stellt. Wenn wir zuhause in Deutschland über unsere Reise und das dabei erlebte ganz und gar untypische englische Wetter berichten, wird es jeder als urlaubsübliche Schönfärberei ansehen. Bisher haben wir keinen Regentag, keinen ständigen Nebel erlebt und auch niemanden in den landestypischen Regenmänteln und den Gummigamaschen über den Schuhen angetroffen. Der Glaube an englische Traditionen muss da einfach verloren gehen! Also **Totnes** nun ade und auf nach **Arundel.** So heißt das nächste Ziel, was Volkmar ins Navigationssystem eingegeben hat. **Arundel** liegt schon nicht mehr in Devon, sondern in der Grafschaft West Sussex, etwa 8 Kilometer nördlich Luftlinie von der Kanalküste entfernt. Die Fahrtroute verläuft fast die ganze Zeit parallel zur Küste in westlicher Richtung, über die größeren Städte **Exeter, Dorchester, Bournmouth, Southampton, Portsmouth** und **Chichester.** Sorgen, kein Quartier zu bekommen, haben wir nicht, denn überall auf der Strecke lesen wir, dass freie B & B - Unterkünfte angeboten werden. Aus einem Übernachtungskatalog haben wir uns schon in **Totnes** eine ganze Reihe Adressen für **Arundel** und die nähere Umgebung herausgeschrieben. Je näher wir aber unserem Ziel kommen, umso öfter lesen wir schon auf Schildern an den Pensionen, dass alle Betten ausgebucht sind. Am Ortsrand von **Arundel** beginnen wir dann die notierten B & B Adressen abzufahren, aber überall ohne Erfolg. Immer wieder wird uns gesagt, dass irgendwo im Umkreis eine größere Veranstaltung stattfindet und somit alle Unterkünfte bereits vergeben sind. Langsam liegen unsere Nerven blank, denn inzwischen ist es bereits früher

Nachmittag und wir haben immer noch kein Dach über dem Kopf. Nachdem auch noch eine Schlange von Menschen vor der Stadtinformation wartet, wollen wir eigentlich schon aufgeben, auch dort nach einem Quartier zu fragen. Doch wir haben Glück und bekommen einen Tipp, dass eventuell noch ein Zimmer im Hotel „Weißer Schwan" frei sein könnte. Mit dieser Empfehlung von der Information, können wir das Zimmer buchen, wenn auch zu einem Wucherpreis. Wir bezahlen nicht nur die Historie hier, das Gebäude ist nämlich über 200 Jahre alt, nein es kommt zusätzlich ein Aufschlag für das Veranstaltungsgebiet noch drauf. Uns ist das aber jetzt alles egal, die Hauptsache, die zwei Nächte sind erst einmal abgesichert. Was ich noch gar nicht wieder erwähnt habe, sind die tropischen Temperaturen heute, als würde **Arundel** am Mittelmeer liegen. Entsprechend heiß ist es dadurch auch in unserem Zimmer unterm Dach. Wir stellen hier erst einmal bloß unsere Reisetasche ab und starten gleich zum ersten Stadtrundgang. Schade nur, dass wir durch die Zimmersuche so gar keinen Blick für den imposanten Eindruck hatten, den der Ort eigentlich schon von weitem macht. Jetzt, wo wir endlich entspannt dieses englische Bilderbuchstädtchen genießen können, sehen wir alles mit anderen Augen. Über den *River* Arun führt eine Brücke direkt in die Stadt, über der sich in eindrucksvollerster Weise die Burg und die Kathedrale erheben. Der Fluss, der sich in vielen Windungen bis zum Meer herunterschlängelt, endet dann fjordartig in der Hafenstadt **Littlehampton**. Hier in **Arundel** aber umfließt er den Ort und die Parkanlagen der Burg, die sich nach 700 Jahren immer noch in Familienbesitz befinden. Sie ist der Herrschaftssitz der Herzöge, der *Duke's*, von Norfolk und der Grafen von **Arundel**.

Arundel

Seit 1483 trägt der Herzog von Norfolk den Titel „*Premier Duke*", verliehen einst von seinem Freund und Gönner, Richard III. Diese Bezeichnung steht bis heute für das erbliche Amt des Großzeremonienmeisters am englischen Hof. Aus der Zeit Wilhelm des Eroberers, der eine Burg im 11. Jahrhundert erbauen ließ, sind nur noch das Torhaus und der Bergfried erhalten. Nach dem Bürgerkrieg 1643 waren die anderen Teile fast bis auf die Grundmauern zerstört. Die sehr reichen Herzöge von Norfolk ließen im Laufe der Jahrhunderte das *Castle* wieder aufbauen, natürlich viel größer und prachtvoller, als es je zuvor war. Die Baustile richteten sich immer nach dem Geschmack des jeweiligen Herzogs. Die letzte Bauphase von 1890 bis etwa 1930 verwandelte das Schloss in ein zweites *Windsor Castle*. Es gleicht nun einer Hollywood – Kulisse im Stile der Neogotik. Das soll auch die Nähe zur Königsfamilie zeigen, die in verwandtschaftlichen, freundschaftlichen und beruflichen Bindungen besteht. So war es ein Lord Howard, der mit Drake die spanische Armada in die Flucht schlug, es gab einen bedeutenden Poeten in der Familie und nicht zuletzt stammen zwei Frauen des berüchtigten Heinrich VIII, des „Ritter Blaubart", aus diesem Geschlecht. Das sind Anna Boleyn und Catharine Howard. Heute beherbergt das *Castle* wertvolle Sammlungen aus dem Familienbesitz der Howards, wie Gemälde, Uhren, Waffen, auch Uniformen. Ein Rundgang führt durch Räume mit prunkvollen Möbeln aus dem 16. Jahrhundert und hölzernen Deckengewölben, weiter durch die Bibliothek, die Ahnengalerie und die Waffenkammer. Da Norfolk die größte katholische Region ganz Großbritanniens ist, zeigt man gern auch auf privaten Fotos die Nähe zum Vatikan und ganz persönlich auch zu den letzten Päpsten, die alle hier zu Besuch waren. Wie meiner Schilderung wohl unschwer zu entnehmen ist, sind wir auf unserer Besichtigungstour längst in der Burg angekommen. Wenn wir uns bisher historische Gemäuer angesehen haben, hat uns immer geschultes Personal den Rundgang erläutert, doch hier führen die Familienmitglieder selbst durch ihre Räume. Sofort als Deutsche erkannt, gibt uns die letzte Herzogin von Norfolk Erläuterungen zu einem Intarsienschrank, frühes 16. Jahrhundert, deutscher Werkstatt. Trotz aller scheinbaren Selbstverständlichkeit, mit der hier die sehr persönlichsten Dinge zur Schau gestellt werden, empfinden wir diese Einblicke in die Intimsphäre noch lebender Personen etwas peinlich, auch wenn wir dafür recht reichlich bezahlen mussten, nämlich eine Seniorenkarte kostet bereits 9,00 Pounds (ein Britisch Pfund entspricht 1,475 €). Von den Innenräumen her gelangen wir nach außen über eine Brücke zum restaurierten Bergfried aus der normannischen Zeit. Mit der Bezeichnung „The Keep" deutet sich schon die damalige Nutzung an. Im Außenrand des Wohnturmes (Motte) sind nach innen zeigend auf zwei Geschossen Schutzräume, vornehmlich für Frauen eingerichtet worden, deren Männer oft über längere Zeit in kriegerischer Mission oder zu Kreuzzügen unterwegs waren. Auf einem winzigen Innenhof konnten sie sich dann bewegen oder am oberen Zinnenrand Ausschau halten. Der Blick von hier ist übrigens phantastisch, einerseits reicht er am Horizont bis ans Meer, aber auch die Aussicht auf den Ort und die weitverzeigte Burganlage mit der Kathedrale und den Parkanlagen, die in die weite grüne Landschaft übergehen, machen uns neugierig, auf das, was uns noch hier erwartet. Zurück geht es wieder über die Brücke, wobei uns das dafür verwendete Baumaterial, einmal aus nächster Nähe betrachtet, recht interessant erscheint. Eine derartige Verwendung ist uns schon öfter auf dieser Reise an historischen, aber auch an technischen Denkmalen aufgefallen. Der regional vorkommende Flintsteinkiesel,

86

also Feuerstein, wurde überall wie eine Art Putz auf das Mauerwerk aufgebracht. Das ist eine Verarbeitungsweise, wie sie sich seit Jahrhunderten in der englischen Architektur gehalten hat. Über den unvermeidlichen „*Gift-Shop*", der heutzutage jeder touristischen Sehenswürdigkeit angeschlossen ist, gelangen wir in den wunderschönen Park mit uralten ausladenden Bäumen. Zum Schloss gehört noch ein sehr gepflegter Küchengarten, wo außer Kräutern auch Schnittblumen für den Hausgebrauch gezogen werden und in zwei pavillonartigen Gewächshäuser aus viktorianischer Zeit, reifen exotisches Obst und Gemüse . Auch eine kleine „*Tea Terrace*" ist hier eingerichtet, von wo aus man einen schönen Blick über den Garten zur Kathedrale hat. Nun bleibt uns nur noch im Burggelände die *Fitzalan* - Kapelle anzusehen, die seit dem 13. Jahrhundert Gottesdienst - und Begräbnisstätte des Herzogshauses ist. Sie ist aber auch das perfekteste Beispiel für *Catholic Revival,* also die Katholische Erneuerung im England des 19. Jahrhunderts. Eine Glaswand trennt seit dieser Zeit den privaten Gottesdienstbereich der Schlossherren, von dem Teil der Kapelle , der für alle Gemeindeglieder und Besucher benutzbar ist, einschließlich der Grabkapelle. Eigentlich möchten wir gleich noch eine Besichtigung der Kathedrale anschließen, die außerhalb der Burgumfriedung liegt, werden aber leider so kurz vor der Schließung nicht mehr hineingelassen. Der Blick von Außen reicht uns aber vollkommen aus, um uns auch das Innere vorstellen zu können. Gebaut zwischen 1869 und 1873, vom 15. Duke von Norfolk, ist sie stilistisch der französischen Gotik nachempfunden, wie ja auch der größte Teil des Schlosses. Eine Kathedrale musste damals unbedingt her, um den von der Reformation immer wieder bedrängten Glaubensbrüder einen unverbrüchlichen katholischen Hort zu bieten. So wie die Burganlage und die Kathedrale, scheint uns der ganze Ort **Arundel** eine einzige Kulisse für englische Milieufilme zu sein. Er hat aber durchaus etwas Liebenswertes und wir freuen uns, dieses Kleinod an Illusionismus, gepaart mit echtem Traditionsbewusstsein, eben ein England im Kleinformat, gefunden zu haben. Bis die Dämmerung einsetzt, bleibt uns noch eine Weile zum Bummeln und natürlich immer wieder zum Staunen. Dabei stellen wir fest, dass es durchaus auch stilechte bauliche Vergangenheit gibt, in Form von wirklich wunderschönen alten Fachwerkhäusern, aber mehr ist die typische Architektur des viktorianischen Zeitalters vertreten. Oft lässt sich der wirkliche Baustil der vielen kleinen Reihen - aber auch Einzelhäuser nicht genau bestimmen, weil selbst an postmodernen Kreationen auf historische Stilelemente nicht verzichtet wurde. Besonderes Vergnügen haben wir beim Shopping durch die *Tarrant Street*. Shopping heißt in diesem Fall natürlich nicht einkaufen, sondern die Auslagen der vielen Geschäfte in aller Ruhe zu betrachten. Dabei stoßen wir schon auf so einige Kuriositäten. Zum Beispiel gibt es hier in der Strasse den weltberühmten *„Walking Stick Shop"*, den Spazierstockladen, der vom einfachen Wanderstock bis zum kauzigsten Modell alles zu bieten hat. Dieses nämlich könnte der Sitzstock mit versteckter Whiskybar für heimliche Trinker sein. Im Geschäft gegenüber bleiben wir dann wie gebannt vor den ausgestellten Souvenir - bzw. Geschenkartikeln stehen. Lieber Himmel, soviel Kitsch an einer Stelle! Ich will nicht zu sehr ins Detail gehen, nur zwei Sorten von Teekannen muss ich einfach hier beschreiben. Da wären einmal die beiden Oxford - Studenten - Kannen, weibliche- und männliche Figuren, jeweils in ihren Talaren und mit Doktorhüten, sicher als passendes Geschenk gedacht zum gelungenen Studienabschluss. Eine andere Kanne ist nicht nur „*pot*" - hässlich, sie erzeugt bei uns direkt unappetitliche Gefühle, aber wahrscheinlich wird hier nur eine Art von typisch englischem Humor zelebriert, den wir wieder einmal nicht verstehen. Die Kanne stellt ein Toilettenbecken mit Tiefspülkasten dar, modelliert aus feinstem Delfter Porzellan, darauf teakholzbemalt der Toilettensitz. Wäre das nicht ein geeignete Präsent zur *Tea - Time* mit dem Sanitärfachmann? Gleich im Nebengeschäft aber gibt es noch echte Handarbeiten, wie wir sie bei uns wahrscheinlich kaum noch finden würden. Das sind zum Beispiel Bilder, ausgeführt in filigraner Nadelstickerei, die Gemälden gleich, Straßenszenen oder Landschaften darstellen. Uns gefallen aber mehr die Exponate in den Schaufenstern der Kunstgalerien, die ebenfalls reichlich vertreten sind. Für das *Highlight* der Straße halten wir allerdings das Restaurationsstudio eines „malenden Fotografen" oder vielleicht auch eines „fotografierenden Malers". Kunst oder künstlich, hier wird alles perfekt ausgeführt und Referenzen auf einem *Flyer* lassen erahnen, dass Universitäten, Galerien, Museen und Privatleute im ganzen Land diese Dienste gern in Anspruch nehmen. Das Älteste am Geschäft aber ist das Gebäude selbst. Vor dem Umbau zum jetzigen Verwendungszweck, war es Ende des vorigen Jahrhunderts noch eine Kutschenremise. Mit unserem Spaziergang sind wir inzwischen in der *High Street* gelandet, die für Liebhaber echt englischer Antiquitäten eine Meile des Ergötzens sein muss. Wir sind jetzt aber mehr zu begeistern für ein Abendessen in einem der vielen *Pubs*. So landen wir ziemlich verhungert im Gasthof „*The Red Lion*". Für Volkmar hat sich leider hinter dem wohlklingenden Namen einer Fischspezialität auf der Speisekarte wieder bloß das profane Nationalessen *Fish* & *Chips* versteckt, was ihm schon einmal passiert war. Mit einer Gabel bewaffnet, beteilige ich mich prüfend an dieser Nationalspeise und muss feststellen, mir schmeckt es besser, als der vorausgeeilte Ruf erwarten ließ. Somit ist für mich wieder eine Bildungslücke geschlossen und das Thema *Fish* & *Chips* ein für allemal gegessen! Unser Hotel „*White Swan*" entpuppt sich als echte Erlebnisstätte. Die Schwüle des Tages verlässt das Zimmer auch bei weitgeöffneten Fenstern am Abend nicht. Die riesigen Betten und der ganze Raum sind mit ihrer stilvollen Ausgestaltung durchaus dem Alter des Hauses angemessen, dagegen kommt uns das Bad schon fast zu modern vor, wären da nicht die antiken Wasserhähne. Mischbatterien gibt es weder an der Badewanne noch am Waschbecken. Da heißt es gekonnt zwischen heißem und kaltem Strahl hin und her zu springen! Wir versuchen uns noch etwas im Fernsehen an den Nachrichten, die diesmal besser verständlich sind, weil sie mit Untertiteln gesendet werden. An Schlafen ist dann aber bis fast 2:00 Uhr nicht zu denken. Der Lärm vom Gastraum unter uns, das Knarren der alten ausgetretenen Treppen und das ständige Türenwerfen sind nur das eine Problem. Wir müssen auch noch die Fenster schließen, weil der gesamte Durchgangsverkehr des Ortes um das Eckgebäude herumgeleitet wird. Aber irgendwann sind wir so erschöpft, dass wir unseren inneren Widerstand endlich aufgeben und einschlafen.

17. Tag

Auch wenn wir uns das Bett nach der kurzen Nacht noch gern ein paar Minuten länger gegönnt hätten, heißt es für uns: raus aus den Federn und rein in die Sachen. Spätestens 8:00 Uhr muss Volkmar auf dem öffentlichen Parkplatz, der um die Ecke vom Hotel liegt, die Parkuhr mit Münzen füttern. Schon gestern im Voraus zu zahlen, war nicht möglich, weil die Nacht hier kostenfrei ist. Was soll's, so können wir zeitig frühstücken und haben etwas mehr vom Tage. Heute ist eine Bäderbesichtigungstour geplant. Der Küstenbereich zwischen der Hafenstadt **Portsmouth** und dem wohl berühmtesten englischen Seebad **Brighton** ist ein einziges *seaside resort*, wie die Aufreihung von Seebädern genannt wird. Einst waren es nur unbedeutende Fischerdörfer, bis etwa vor 250 Jahren einige Angehörige der königlichen Familie die Entdeckung machten, dass hier ungestört von der Etikette des Hofes, ein lockeres und unbeschwertes Leben möglich ist. Badekuren mit Meereswasser lockten die Reichen und Schönen rund um das ganze Jahr an, aber auch Schriftsteller, Künstler, Politiker, sowie die wohlhabenden Londoner Familien folgten der *High Society* hierher. Nach der beschwerlichen Anreise einst mit der Postkutsche, waren mit der Eröffnung der Eisenbahnlinie 1842 die Seebäder plötzlich bequem für jedermann zu erreichen. Und so ist es bis heute geblieben. Obwohl noch immer die *Royal Family* gern ihre Sommerferien in *London- by- the- Sea* verbringt, sind längst die Strände von der arbeitenden Bevölkerung entdeckt und in den Urlaubsmonaten übervölkert. Wir sind glücklicherweise nicht zur Zeit der Badesaison hier, so dass wir diese Überfüllung nicht erleben müssen. Dem Lauf des *River* Arun folgend , erreichen wir an seiner Mündung das Seebad **Littlehampton**. Eine kilometerlange Strandpromenade wird gesäumt von Hotels aller Stilepochen. Die Betonarchitektur der 70er Jahre sieht hierbei genau so überholungsbedürftig aus, wie die der wesentlich älteren Jugendstilbauten, doch die Hotel- bzw. die Appartementbesitzer haben sich schon alle Mühe gegeben, mit sehr schönem Blumen und Sträuchern etwas von den Fassaden abzulenken. Der Strand ist zur Zeit leer, nur gelegentlich ist hier und da einmal ein Liegestuhl aufgestellt. Die ältere Generation promeniert mit Sonnenschirm oder man liegt auf dem Balkon. Wir haben unsere Badesachen mit an den Strand genommen und sind nun enttäuscht, dass das Wasser noch *low – tide* hat. Bei Sonnenschein und sommerwarmen Temperaturen von bereits 27 °C wäre uns jetzt durchaus nach Eintauchen ins Meer. Da bleibt nur noch als Wasseraktivität, eine Runde barfuss zu gehen. Erst überqueren wir den breiten Kiesstrand, um dann auf dem feinen Sand des eigentlichen Meeresbodens, unsere Wanderung zu beginnen. An Hand der weit aus dem Boden herausragenden Buhnen, lässt sich der eigentliche Meeresspiegel erahnen. Wir laufen fast bis zum Pier vor und auch die ganze Strecke wieder zurück und stellen fest, dass das Wasser ganz langsam ansteigen muss, denn die Wellen rollen näher auf uns zu. Mit dem Auto fahren wir jetzt weiter nach **Worthing**, dem nächsten Ort in Richtung Brighton, also westlich. Die Hitze hat noch zugenommen, ein Thermometer auf der Strandpromenade zeigt 30 °C an. **Worthing** hat eine noch viel längere *sea front*, als **Littlehampton**, aber direkt daneben verläuft auch die durchführende Autostrasse. Nur eine Hecke, trennt die Strandpromenade vom Verkehr. Übergänge sorgen dafür, dass die vielen Touristen und Urlauber in der Saison einigermaßen sicher zur anderen Straßenseite gelangen können, wo die Hotels, Appartementhäuser, Gaststätten, Kaufhallen und die Sportanlagen liegen. Hier finden wir auch gleich einen Parkplatz. Über die Mittagszeit ist auf der asphaltbelegten Promenade nicht viel los. Wer wie wir einen Bummel unternimmt, legt schon zwischendurch einmal eine Rast in einem der kleinen viktorianischen Strandpavillons ein, die genau wie die Kandelaber und die Sitzplätze zwischen der Hecke, ein bewusst gepflegtes Relikt der einstigen Blütezeit sind. Konstruktionen aus Gusseisen und Glas waren die Bauelemente des technischen Fortschritts, die seit der ersten Weltausstellung in London 1851 ihren Siegeszug in der Architektur antraten. Schon von weitem sehen wir die 300 Meter lange Pier ins Meer hinausragen. Die holländische Übersetzung für das Wort Pier ist „Sandwurm", was angesichts der langen schmalen Landungsbrücken hier überaus passend ist. Das Wasser hat nun seinen Höchststand wieder erreicht und der ganze Strand ist dadurch jetzt viel schmaler. Übrigens, die wunderschönen hellen Sandstrände, wie in Cornwall und Devon, findet man weiter nach Osten kaum noch vor. Sussex hat fast nur Kiesstrände. Als 1862 der erste Hafendamm gebaut wurde, bot er den Kurgästen puren Luxus. Sie genossen weit draußen die Brandung und atmeten tief dabei die heilende Meeresluft ein, ohne seekrank zu werden. So ähnlich jedenfalls wurde damals für das Seebad geworben. Die Gäste promenierten hier, um zu sehen und gesehen zu werden. Aber auch die Unterhaltung kam nicht zu kurz, dafür waren die zwei modernen *Amusement Pavillions,* wo Musik, Theater und Tanzveranstaltungen geboten wurden, neben der Pier gebaut worden. Auch Oscar Wilde verbrachte einige Zeit mit schöpferischen Aufenthalten in **Worthing** und setzte 1894 mit einem Theaterstück, dessen Hauptdarsteller er „Jack Worthing" nannte, dem Ort ein Denkmal. Für die

Bademutigen, wobei die Betonung tatsächlich auf mutig liegt, denn selbst im Hochsommer steigt die Wassertemperatur selten über 17°C, gab es zuerst die ins Meer gezogenen Badewagen und später dann die *Beach Huts,* die kleinen Strandhäuser, so wie wir sie bereits an der Südwestküste gesehen haben. Wer früher nur eine Meerwasser - Inhalations - Kur machte, konnte bei durchschnittlich 6 Sonnenstunden am Tag, auch ohne ins Wasser zu steigen, ein wahrhaft himmlisches Vergnügen haben. Heute begegnen uns hier viele Pensionäre, die sich an der sonnenintensivsten Küste Englands ihren Lebensabend eingerichtet haben, oder nur die kühleren Monate im *seaside resort* verbringen. Im Café eines Boule - Clubs legen wir eine Mittagspause ein. Aber auch hier sind wir nur von Dauerurlaubern umgeben, die genauso interessiert wie wir, dem Spiel älterer Herren auf dem super gepflegten Rasen zusehen. Von ihrem Nationalsport lassen sie sich selbst in der Mittagsglut nicht abhalten. Es spielen hier echte Gentleman, die großen Wert auf Kleidung und Manieren legen, wenn sie, gemäß eminent wichtiger Regeln, ihre Kugeln werfen, die etwas größer sind, als unsere Boccia - Kugeln. Jeder der Akteure trägt ein kleines Köfferchen mit sich herum, in dem nicht nur die Boule - Kugeln liegen, sondern auch noch eine winzige Stoffmatte, auf welcher der Abstoß zu erfolgen hat. So nehmen wir nach Hause die Erkenntnis mit, dass nur mit dieser Matte gespielt, auch unser Rasen seine teppichartige Schönheit behalten könnte! Wie gelähmt von der Schwüle und mit einem vollen Magen, sind wir nun doch nicht mehr aufgelegt, nach **Brighton** weiter zu fahren und kehren über **Littlehampton** zurück nach **Arundel.** Kaum sind wir im Hotel angekommen, geht ein kurzer, aber heftiger Gewitterregen nieder, der die Straße sogar dampfen lässt. Irgendwo muss es auch in die Überlandleitung eingeschlagen haben, denn kurzzeitig fällt der Strom aus.

94

Draußen hat der Regen eine leichte Abkühlung gebracht, was uns zu einem letzten Spaziergang verlockt. Entlang des *River* Arun ist das Ufer befestigt bis zur Anlegestelle für Flussschiffe und weiter zum *Arundel Lido,* dem Freibad mit dem schönsten Blick auf die gesamte Schlossanlage. Jetzt nach dem Regen ist die Luft klar und die Abendsonne überzieht den romantischen Ort mit einem rotgoldenen Schimmer. Den vielen Schwänen folgend, erreichen wir wieder unser Hotel, was ganz sicher seinen Namen von dem Wassergeflügel hat, was sich jetzt zu Scharen lautstark an der Flussbrücke einfindet und nach Futter bettelt. Das letzte *Dinner* nehmen wir als Abschiedessen gleich im „Weißen Schwan" ein. Auch hier wird uns schmackhafte Küche geboten, so dass wir in der Heimat angekommen, die Vorurteile gegenüber englischer Kochkunst mit Nachdruck ausräumen werden. Uns wurde nämlich empfohlen, wenn wir in Großbritannien gut essen wollen, lieber 3x täglich zu frühstücken. Vielleicht trifft das noch auf einige Ecken des Landes zu, wir jedenfalls sind ein beredtes Beispiel dafür, dass es nicht mehr überall so sein muss.

18. Tag

Die Reisetasche ist wieder einmal gepackt, aber bald hat das Vagabundenleben ein Ende. Schade eigentlich, denn so ein Leben ohne Zwänge ist, zu mindestens auf Zeit gesehen, eine sehr vergnügliche und entspannende Angelegenheit. Leider beherrsche ich diese Kunst zu leben, im häuslichen Umfeld nicht. Hier holt mich immer wieder die Disziplin ein, von der man nach langer Berufstätigkeit einfach nicht lassen kann. Zurück nun aber zum letzten Tag auf der Insel, zum Philosophieren ist jetzt keine Zeit. Um 9:00 Uhr verlassen wir mit **Arundel** den Ort, der uns noch einmal alle Eindrücke, die wir als typisch englisch auf unserer Reise gesammelt haben, in einer Art Überblick aufgezeigt hat. Traditionsbewusstsein, Stiltreue, Etikette, die Fähigkeit wundervolle Gärten zu gestalten, Flussufer als eine Herausforderung zur Stadtbildintegration zu sehen, aber auch Spießigkeit, alles das haben wir hier bebündelt vorgefunden. Die Fahrt zur Fähre nach **Harwich** geht östlich auf der A 27, Richtung **Worthing** los, dann biegen wir aber auf der A 24 nach Norden ab und erreichen den südlichen Autobahnring um **London**. Wie schon zur Anreise, sparen wir die britische Hauptstadt aus und heben uns diese Stadterkundung für eine separate Tour hierher auf. Bei **Brentwood** verlassen wir den Ring, um auf der A 12 bis zur Westküste zu fahren. Zeitlich liegen wir noch so gut, dass wir uns einen kleinen Abstecher nach **Colchester** im Südosten der Grafschaft Essex leisten werden. Eigentlich wollen wir nur etwas einkaufen, damit wir zuhause nicht mit einem leeren Kühlschrank vorlieb nehmen müssen. Es fehlt uns außerdem auch noch ein Mitbringsel für die fleißigen Nachbarn, die

96

uns die Blumen gießen, die Post und Werbung aus dem Kasten nehmen und ganz nebenbei ein waches Auge auf unser Haus haben. Nachdem wir gestern schon mit dem Gedanken gespielt haben, eventuell einen Halt in **Colchester** einzulegen, warf ich schnell noch einen Blick auf die Reiseempfehlungen zur Stadtgeschichte. So nutzen wir hier die knappe Zeit zur Shoppingtour und gleichzeitig zu einem klitzekleinen Besichtigungsgang, auch wenn das richtige Interesse nicht mehr vorhanden ist. Eigentlich verpassen wir dadurch etwas, denn **Colchester** ist die älteste Stadt des Landes und überall trifft man auf die Reste der römischen Vergangenheit, in Form von Wällen, Stadtmauern und Bastionen. Ein 35 Meter hoher Bergfried erinnert an die normannische Zeit, an Wilhelm den Eroberer, der um 1080 hier ein *Castle* errichten ließ. Als Museum zeigt es heute einheimische Fundstücke aus Grabungen und Sammlungen der unterschiedlichen Zeitepochen. Zwei Ereignisse brachten der Stadt Reichtum und Ansehen. Im 16. Jahrhundert wanderten Tuchmacher aus Flamen ein und gründeten Woll- und Seidenwebereien, 200 Jahre später kamen die aus Frankreich geflüchteten Hugenotten nach Essex. Ihnen wiederum ist die Blumenzucht zu verdanken. Weitflächige Rosenfelder sind uns schon auf der Fahrt hierher aufgefallen. Das „ Dutch Quarter" in der Innenstadt, mit seinen Amsterdamer Grachtenhäusern, erinnert heute an die Immigranten von damals. Es sind solche Spitzgiebelhäuser, wie wir sie auch vom Holländischen Viertel in Potsdam kennen. Günstig für die Stadt ist außerdem die Lage an der trichterförmigen Mündung der Colne, die zu einem Hafen ausgebaut ist. An den Baustilen der Häuser und der Straßenführungen sind die Blütezeiten von **Colcheste**r abzulesen, so sind spätmittelalterliche Fachwerkbauten und der Jugendstil hier dominierend. Unter einer Stadtarkade, wie sie entsprechend der Mode des ausgehenden

19. Jahrhunderts als Markthalle errichtet wurde und heute noch als solche genutzt wird, ist eine Tiefgarage gebaut worden. Das ist eine sehr praktische Parklösung, um schnellen Schrittes gleich in der Innenstadt zu sein und nach den Einkäufen auch wieder zurück. Wir haben alles besorgt und uns auch einen kleinen Überblick von **Colchester** verschafft, mehr soll es gar nicht sein.

Zum Hafen von **Harwich** sind es jetzt nur noch 30 Kilometer, was mein Chauffeur nach so einer langen Urlaubsreise sicherlich mit links schaffen wird.

Eigentlich haben wir erhofft, nach dem Einschecken, uns irgendwo entspannt noch zu einem Kaffee hinsetzen zu können, aber einmal an der Passkontrolle vorbei, stehen wir bereits in die Autoschlange eingereiht, wartend an der Fähre. Das heißt aber, eine ganze Stunde auf das Verladen noch ausharren zu müssen. Da wir die Verfahrensweise und das Schiff bereits von der Herfahrt kennen, finden wir uns dann aber sehr schnell zu unserer Kabine und fühlen uns auch gleich wieder heimisch. Den ersehnten Kaffee trinken wir nun im Restaurant, zwei Decks unter uns. Ein wenig traurig sind wir über das trübe Wetter, was die Seefahrt dadurch nicht besonders lustig macht. Warm angezogen lassen wir uns anschließend an der Reling einmal tüchtig durchpusten, halten es aber nicht allzu lange draußen an Bord aus. Nach 17 Tagen, fast nur sonnig und warm, darf so ein trüber Abschied von der Insel aber wohl sein. Wir sitzen nach dem Abendessen noch eine ganze Zeit im Restaurant am Fenster und beobachten mit Sorge, wie die Wellen allmählich an Intensität zunehmen. Inzwischen ist es draußen dunkel geworden, nur die Schaumkämme, vom Licht der Fähre angestrahlt, blitzen am Fenster auf und ab.

19. Tag

Die ganze Nacht hatte die Fähre mit starkem Seegang zu kämpfen. In den Morgenstunden aber glätteten sich die Wogen und wir sitzen um 9:00 Uhr nun zum Frühstück bei Sonnenschein, mit Blick auf eine friedliche See. Wir suchen uns anschließend einen geschützten Platz an Deck, was gar nicht so einfach ist, weil alle noch in den verbleibenden 1 ½ Stunden ihre Sonnenbräune aufpeppen wollen. Inzwischen haben wir die 15 Kilometer breite Elbmündung erreicht. Leider entdecken wir auf den Sandbänken keine Robben, dazu fehlt uns wohl ein Fernglas. Aber in Strömen ziehen die Sonntagsausflügler zur Wattwanderung hinaus. Langsam erscheint am Horizont die Silhouette von Cuxhaven und wir sehen unweigerlich das Ende unserer Reise näher kommen. Reibungslos verläuft das Ausschiffen, wie ein Knoten der sich selbsttätig löst, leert sich der Bauch des Schiffes.

Wir verlassen genau 11:30 Uhr die Fähre und steuern gleich noch die Lagerhäuser im Hafengelände an. Obwohl heute Sonntag ist, sind alle Verkaufseinrichtungen geöffnet. Es herrscht fast Volksfeststimmung vor den Fischverkaufsläden. Ausreichend Sitzgelegenheiten sind überall vor die Türen gestellt worden. Ganze Fahrradclubs machen hier Rast, aber auch Cuxhavener nutzen per Fahrrad, Auto und oder zu Fuß das frische Fischangebot als preiswertes und bequemes Mittagessen. Auch wir decken uns mit Frisch - und Räucherfisch ein, um in der Heimat mit einer „Fischkur" den Urlaub noch etwas ausklingen zu lassen. Dann geht es aber endgültig zurück ins heimatliche Sachsen – Anhalt.

.... und das natürlich wieder auf die altbewährte Weise, auf der rechten Fahrbahnseite !

Aus dem Inhalt

10. Tag	St. Agnes
11. Tag	Looe Totnes
12. Tag	Exeter Torquay
13. Tag	Paignton Kingswear Dartmouth
14. Tag	Dartmoor Dartmeet Bovey Tracy Okehampton Postbrigde Princetown Asprington
15. Tag	Totnes
16. Tag	Arundel
17. Tag	Littlehampton Worthing
18. Tag	Colchester Harwich
19. Tag	Cuxhaven

Unsere Reiseroute

— Hinfahrt

— Rückfahrt

NOTIZEN